Lisa Rammensee

Grüner wird's wohl

Wir. Einfach. Nachhaltig.

Lisa Rammensee studierte zunächst Kommunikationsdesign in Trier und anschließend Illustration an der HAW in Hamburg. Sie ist eine große Naturliebhaberin, was man besonders ihren Pflanzen- und Rezeptillustrationen ansieht. Man findet sie meistens im Wald zwischen Pilzen, im Gemüsegarten zwischen Mairübchen und Buschbohnen oder am Schreibtisch zwischen iPad und Aquarellfarben.

LISA RAMMENSEE

Grüner wird's wohl!

Wir. Einfach. Nachhaltig.

dtv

Inhalt

Bis Spätersilie!

Jeder fängt mal klein an.

Dass ich mal eine so aktive, begeisterte Gärtnerin werde, hab ich schon früh gemerkt. Aber nur ich selbst, meinen Fensterbrett-Experimenten hat man meinen grünen Daumen so gar nicht angesehen. Ohne Recherche und Vorwissen habe ich losgelegt und mit jedem verkümmerten Radieschen und eingegangenen Basilikum-Pflänzchen dazugelernt. Denn eines ist ganz wichtig: Was schiefgeht, das merkt man sich und macht es beim nächsten Mal besser!

Das dunkle Innenhof-Fensterbrett hat mir nicht lange gereicht. Und so hab ich mich in meiner Stadt umgeschaut und Brachflächen gesucht, die ich mir offenbar schöner vorstellen konnte als so manche städtische Behörde. Übers Internet hab ich Gleichgesinnte gesucht und gemeinsam haben wir nachts auf Grünstreifen an Bushaltestellen Bohnen gepflanzt oder ein verkümmertes Beet vor einer Kita mit Erdbeeren und Blumen verschönert. Heute stehen auf dem Marktplatz hinter meiner Studenten-WG Hochbeete, die die Stadt zur Verfügung gestellt hat und die von den Anwohnern bepflanzt werden dürfen – so eine schöne Entwicklung hin zu einer klimafreundlicheren und lebenswerteren Stadt!

Nach meiner Zeit in dieser Stadt kam ich dann zu meinem ersten Balkon, auf dem ich (damals in Madagaskar, wo ich 10 Monate gelebt habe) in Plastikflaschen Bohnen gepflanzt und geerntet habe. Zurück in Deutschland habe ich mit meiner Mitbewohnerin Sophie unseren winzigen Stadtbalkon in Hamburg bis in die kleinste Ecke bepflanzt, sogar ein altes Klo vom Sperrmüll haben wir mit Blumen bestückt!

Bei einem Spaziergang in Niendorf bei Hamburg haben mein Freund und ich dann ein Saisongartenfeld entdeckt. Drei Jahre hintereinander

habe ich hier von März bis November ein Stück Acker bewirtschaftet, wahnsinnig viel über Unkraut, Erde, Nützlinge, Schädlinge und Gemüse gelernt und kiloweise Ernte mit einem kleinen Roller nach Hause geschleppt.

Mein Freund, der damals sein Restaurant in Hamburg eröffnete, brachte mir das Kochen und Fermentieren näher und so konnten wir unsere ersten Erträge haltbar machen – gut für unseren Geldbeutel und für die Umwelt. Sein wertvolles Wissen und seine Erfahrung sind auch in dem ein oder anderen Rezept in diesem Buch festgehalten!

Heute, viele Jahre nach den ersten Versuchen, wohnen mein Freund und ich auf einem alten Bauernhof. Wir haben 20.000 m² Land, auf dem Obstbäume stehen, und einen 600 m² großen Reitplatz in einen Gemüsegarten verwandelt. Unsere Hühnerschar darf einen großen Teil des Gartens nach Leckereien absuchen, bis wir im nächsten Jahr auf dem von den Hühnern gut gedüngten Boden die Beete neu anlegen. Wir gewinnen eigenes Saatgut, fermentieren, trocknen und kochen unsere reiche Ernte ein und planen, welche zukunftsfähigen Bäume wir im Klimawandel pflanzen können.

Genau hier wollte ich hin, aber das muss nicht für jeden das angestrebte Ziel sein. Es geht auch kleiner. Jedes bepflanzte Fensterbrett, jeder begrünte Hinterhof, jede selbst geerntete Kartoffel und jede Verwendung von Resten macht einen Unterschied und kann der Startpunkt für eine neue Leidenschaft sein. Ich wünsche dir ganz viel Freude beim Entdecken, Ausprobieren, Scheitern, Neu-Probieren und Dazulernen. Es gibt kaum etwas so Tolles, wie den eigenen Fortschritt anhand von sprießenden Pflänzchen zu beobachten und dabei gleichzeitig etwas Wertvolles für unseren Planeten zu tun.

deine Lisa

Samen aus dem Vorratsschrank

Wie sieht denn eigentlich eine Kichererbsen-Pflanze aus? Bohnen und Erbsen hast du bestimmt schon mal gesehen, aber Kichererbsen werden normalerweise nicht im Hausgarten gepflanzt. Trotzdem haben wir sie oft im Vorratsschrank stehen. Die getrocknete Variante aus der Drogerie ist meistens bio, super Voraussetzung für ein kleines Keimexperiment!

Starte Anfang April

Du brauchst

- Glas zum Einweichen
- getrocknete Bio-Kichererbsen
- Eierkarton
- Gefrierbeutel
- Erde
- Blumentöpfe

Einweichen

Um den Kichererbsen beim Keimen zu helfen, weichen wir sie über Nacht in Wasser ein. Du kannst ruhig mehr Erbsen einweichen, als du wirklich pflanzen willst. Aus den übrigen eingeweichten Erbsen kannst du wunderbar Hummus machen.

Pflanzschale vorbereiten

Wir trennen die beiden Hälften eines Eierkartons und legen beide Papphälften ineinander. Nun füllen wir die Mulden mit Erde. Jetzt drückst du in die einzelnen Pflanzkuhlen jeweils eine Kichererbse und bedeckst sie mit Erde. Angießen und den Eierkarton dann vorsichtig in einen Gefrierbeutel schieben, damit die Feuchtigkeit während der Keimphase nicht entweichen kann. Aber einmal täglich lüften!

Umtopfen

Nach einigen Tagen sollten sich die ersten Pflänzchen zeigen! Wenn sie 3–4 Blätter bekommen haben, können wir sie in größeren Töpfchen oder, wenn es draußen einen frostfreien Ort gibt, ins Freie pflanzen und beim Wachsen beobachten.

Tipp

Eine reiche Kichererbsenernte solltest du nicht erwarten. Aber wenn dich das Experiment neugierig gemacht hat, findest du auf S. 48 ein tolles Rezept, wie du aus Kichererbsen im Glas gleich zwei tolle Sachen zubereiten kannst!

Chancen im Klimawandel

Kichererbsen werden mittlerweile sogar in Deutschland angebaut! Bisher kommt der größte Teil noch aus Indien. Aber durch die Trockenheit und Hitze müssen Landwirte in Deutschland nach alternativen Pflanzen suchen, die mit weniger Wasser auskommen als unsere heimischen. Kandidaten sind Hirse, Sojabohnen, Quinoa, Anis, Mungobohnen und sogar Erdnüsse. Süßkartoffeln werden hier schon angebaut, und wenn du das mal selber testen möchtest, blättere auf Seite 44.

Pflanzenwundertütchen

Das meiste Obst und Gemüse, das heutzutage im Supermarkt angeboten wird, stammt von F1-Hybriden. Klingt wie aus einem Science-Fiction-Film, oder? Und was hat das mit dem Anbau von Pflanzen zu tun?

Eigentlich ist es ganz einfach: Die Pflanzenzüchter kreuzen zwei verschiedene Sorten miteinander, deren Eigenschaften sie kombinieren wollen. Eine Sorte ist z. B. besonders ertragreich, aber vielleicht empfindlicher gegen Trockenheit, während die andere zwar kleine Früchte bildet, aber dafür sehr resistent ist. Doch diese Kombination ist oft nur in der ersten Generation, also der F1, stabil. Nimmt man von dieser F1 Saatgut und pflanzt es ein, spaltet sich die Kreuzung wieder auf.

Samenfestes Saatgut

Es gibt aber auch samenfestes Saatgut, bei dem die gewünschten Eigenschaften fest im Saatgut verankert sind: Das wurde aber aufwendig über viele Generationen so gezüchtet und in vielen Fällen wird es eher von engagierten Hobbygärtnern verwendet, die diese alten Sorten bewahren wollen. In der konventionellen Landwirtschaft wird es leider seltener verwendet.

In der professionellen Landwirtschaft ist das natürlich nicht erwünscht, schließlich müssen sich die Landwirte darauf verlassen können, ertragreiche und gesunde Pflanzen anzubauen. Deswegen sind Bauern leider oft abhängig von Saatgut-Produzenten und können nicht die Samen der eigenen Pflanzen verwenden.

Doch zurück zu unserem F1-Saatgut-Wundertütchen! Es wäre doch spannend, die im Samen schlummernden Eigenschaften unseres Gemüses kennenzulernen. Wer weiß, was dabei rauskommt? Vielleicht eine Paprika mit neonpinken Früchten und glitzernden Blättern, die immer pünktlich zum Frühstück krähend durch die Küche läuft? Komm, wir finden es heraus!

Gut zu wissen

Leider gibt es nicht nur samenfeste Sorten und F1-Hybride. Im Labor werden auch in der Natur nicht vorkommende Inzuchtlinien erzwungen, die sogenannten CMS-Hybride. Aus solchen Pflanzen gewonnenes Saatgut ist in der Regel nicht keimfähig oder bringt nur verkümmerte Pflanzen hervor. Für die F1-Challenge kannst du aber Saatgut von »Demeter«-Chilis oder -Paprika verwenden. Bei Demeter-Gemüse gibt es sehr strenge Richtlinien für eine nachhaltige Landwirtschaft und dort sind CMS-Hybride bereits seit 2005 verboten.

Die F1-Saatgut-Challenge

Zeitrahmen

Am besten ab März, dann haben wir am Fensterbrett genug Sonnenlicht für die Keimlinge!

Zuallererst: Mach mal ein Foto von deiner Chili, sie ist dein Ausgangspunkt und Generation F1! Die Pflanzen ihrer Samen nennt man F2-Generation und sie könnten ganz unterschiedliche Chilis produzieren.

Du brauchst

- 1 Chili aus dem Supermarkt
- Küchenpapier
- Ziptüten oder Gefrierbeutel
- Klebeband
- Anzucht- oder Blumenerde (torffrei)
- Pflanztöpfe oder Eierkartons

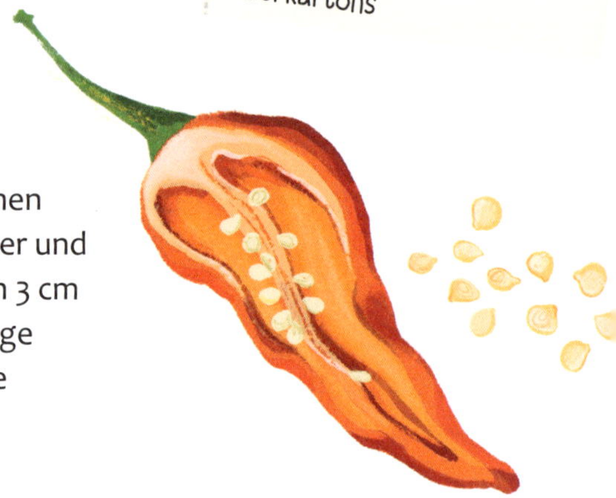

Samen gewinnen

1. Halbiere deine Chili und fummele die Samen heraus. Befeuchte eine Lage Küchenpapier und lege deine Samen mit einem Abstand von 3 cm auf dem Papier aus. Lege eine weitere Lage Küchenpapier darauf, sodass es durch die erste Lage auch nass wird.

Sonniges Keimen

2. Schiebe dieses Samen-Küchenpapier-Sandwich nun vorsichtig in die Tüte und verschließe sie mit dem Zip oder Klebeband und klebe sie an das Fenster, das die meiste Sonne abbekommt. Nun wartest du einige Tage, bis sich die ersten Wurzeln und Keime zeigen. Das Papier muss dabei feucht bleiben. Bereite in der Zwischenzeit schon mal die Pflanztöpfchen vor oder fülle die Mulden eines Eierkartons mit Erde auf.

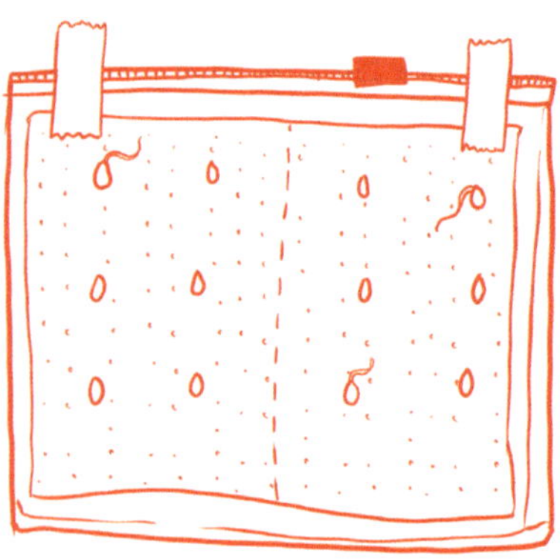

Umtopfen

3. Wenn genügend der Samen gekeimt sind, kannst du das Papier vorsichtig herausziehen und jeweils einen Schnipsel mit Keimling in die Erde deiner Töpfe legen und angießen. Stülpe die Tüten für ein paar Tage über die Töpfe, damit die Pflänzchen nicht austrocknen. Wenn sich das zweite Paar Blätter gebildet hat, sollten die Pflänzchen bald in einen größeren Topf umziehen dürfen. Gratulation! Wenn du an diesem Punkt angelangt bist, hast du keimfähiges Saatgut aus Supermarkt-Gemüse gewonnen!

Tipp

Wenn es dir nicht ausreicht zu sehen, ob die Supermarktsamen keimfähig sind, kannst du deine Pflanzen natürlich so weit großziehen wie möglich! Chilis lassen sich das ganze Jahr in der Wohnung ziehen. Sie schwächeln aber schnell, wenn sie zu wenig Licht bekommen.

Gut zu wissen

Deine neuen Chilipflänzchen sind nun die Generation F2. Früher wurden aus dieser Generation neue Sorten gezüchtet und genau das kannst du nun auch machen! Vielleicht kannst du mittlerweile schon Unterschiede bei deinen Pflanzen erkennen. Manche könnten nun die gleichen Chilis hervorbringen wie die aus dem Supermarkt, andere haben die Eigenschaften der gekreuzten Elternpflanzen, die du nie gesehen hast.

Grüne Tomaten!?

Jawohl, und die sind sogar reif! Tomaten gibt es in viel mehr Farben und Formen, als du im Supermarkt je finden wirst. Denn nicht jede Sorte lässt sich in großen Mengen anbauen. Dafür haben diese Tomaten viele andere Vorteile: Vor allen Dingen schmecken sie besser, durch die Vielfalt lässt sich aber auch dem nicht ganz ungefährlichen Anbau von Monokulturen entgegenwirken.

Hast du Lust, Tomaten zu züchten, die du sonst nicht kaufen kannst?

Funfact: Tomaten werden oft unreif geerntet und reifen dann erst nach!

Gefährliche Monokulturen

Wenn wir Gemüse oder Obst im Supermarkt kaufen, dann gibt es oft nur wenige Sorten zur Auswahl. Bei manchen ist es sogar nur eine einzige! Bananen gibt es fast nur von der Sorte »Cavendish«. Doch was, wenn eine Pilzkrankheit die Bananenplantage heimsucht? Dann sind alle Pflanzen gleichzeitig betroffen. Mit der Bananensorte »Gros Michel« ist das schon mal passiert. Werden jedoch mehrere Sorten angebaut, so ist die Wahrscheinlichkeit, dass einige davon resistent gegen die Krankheit sind, viel größer. Darum ist es wichtig, dass wir alte Sorte bewahren und weiter anbauen, so können Krankheiten unseren Nutzpflanzen viel weniger anhaben.

Sortenvielfalt

Auch unter den Grünen Tomaten gibt es eine ganze Reihe an verschiedenen Sorten! Hier ein paar Beispiele:

- Green Zebra
- Grüne Helarios
- Grüne Ananas
- Green Sausage
- Abracazebra

Wo bekommen wir den Samen für spezielle Sorten her?

Im Internet findest du viele verschiedene Shops, die sich auf Tomatenvielfalt und samenfeste Sorten spezialisiert haben.
Hier ein paar Beispiele:

www.biogartenversand.de
www.beetliebe.de
www.tomatensamen.com
www.kleverhof.de

Projekt Grüne Tomaten

Zeitrahmen

Starte zwischen Februar & März!

Du brauchst
- Tomatensamen
- Schälchen (z. B. von Blaubeeren)
- Klarsichtfolie oder durchsichtiger Deckel
- Töpfchen & Untersetzer
- Pikierstäbchen oder Buttermesser
- Tomatenstab oder lange Schnur

Vorziehen

1. Zunächst müssen die Samen keimen. Fülle etwas Erde in ein Schälchen, lege einige Samen darauf und drücke sie leicht an. Da Tomaten Lichtkeimer sind, werden sie nicht mit Erde bedeckt. Um die Samen immer feucht zu halten, spanne ein Stück Frischhaltefolie über das Schälchen und pikse ein paar Löcher hinein. Einmal täglich solltest du deine Tomatensamen lüften.

Tipp

Wenn du gleich mehrere Sorten pflanzt, dann beschrifte die Töpfchen von den Setzlingen genau, damit du später weißt, was du erntest!

Pikieren

2. Die Pflanzen keimen, dann kannst du die Folie weglassen. Wenn mehrere Pflanzen ihre 3. und 4. Blätter bekommen haben, können wir uns die kräftigsten raussuchen und in kleine Töpfchen pflanzen, das nennt man »pikieren«. Wichtig ist, dass deine Töpfchen unten Löcher haben, damit das überschüssige Wasser abfließen kann. Stell die Töpfe auf einen Untersetzer, damit du keine Überschwemmung verursachst. Tomaten brauchen viel Licht! Sichere ihnen also einen Platz auf der Fensterbank mit viel Sonnenlicht.

Bis zu den Keimblättern in den Boden setzen! Die Tomate bildet am Stiel entlang neue Wurzeln und steht dann stabiler.

Tipp

Um eine schöne Pflanze zu bekommen, entfernen wir die kleinen Triebe in den »Achseln« der Tomate. Das nennt man »ausgeizen«. Diese Triebe kannst du aber wieder in ein Glas mit Wasser stellen und warten, bis sie Wurzeln bekommen.
Voilà! Wir haben die Tomate geklont!

Gießen

3. Die unteren Blätter deiner Pflanze kannst du entfernen, damit der Stiel besser erreichbar ist. Gieße, wenn möglich, nicht auf die Blätter, denn sonst könnte deine Tomate eine Pilzkrankheit bekommen. Grundsätzlich brauchen Tomaten viel Wasser, drum halte die Erde leicht feucht, aber nicht nass.

Hochleiten

4. Jetzt kommt der Tomatenstab oder die Schnur zum Einsatz. Wir wollen der Pflanze Stabilität beim Wachsen geben, auch wenn schwere Früchte dranhängen. Also stecke den Stab dicht neben den Tomatenstiel in die Erde und wickel die Pflanze vorsichtig drum herum. Mit Kordel kannst du sie zusätzlich fixieren.

Tipp

Siehst du schon die ersten gelben Blüten an deiner Pflanze? Super! Wenn du mit der Hand ein wenig am Stängel rüttelst oder eine elektrische Zahnbürste dranhältst, hilfst du der Pflanze bei der Bestäubung und sorgst dafür, dass sie noch mehr Tomaten ausbildet!

Ernten

5. Woran erkennst du, dass deine grünen Tomaten reif sind? Genau wie rote Tomaten werden auch grüne weicher, wenn sie reifen. Teste den Geschmack an einer einzelnen. Ernte stets nur die reifen Früchte, solange die Pflanze noch kräftig aussieht. Gegen Ende der Saison kannst du noch unreife Früchte an einem warmen Plätzchen im Haus nachreifen lassen.

Samenchaos vermeiden

Wenn wir Samen in der Natur gesammelt haben, brauchen wir ein gutes System zum Sortieren und Aufbewahren bis zur nächsten Saison. Saatgut lagert man am besten trocken, nicht zu warm und dunkel. Im Haus findest du sicher unzählige kleine Döschen und Schachteln, die sich prima eignen. Hier ein paar Ideen:

- Ü-Eier
- Schraubgläser
- Streichholz-schachteln
- Pillendöschen

Tipp

Bei luftdichten Gefäßen wie Schraubgläsern kannst du ein paar Körner Reis hinzugeben, die Feuchtigkeit aufsaugen. Alternativ kannst du auch die kleinen Tütchen mit der Aufschrift »Silica Gel« nehmen, die man manchmal in Schuhkartons oder Elektronikverpackungen findet.

Wenn man sehr viele verschiedene Samen lagern möchte, ist eine flache Aufbewahrung praktischer als 20 Marmeladengläser. Hier bieten sich diese Optionen an:

- Butterbrottüten
- Papierteebeutel
- Briefumschläge
- Kaffeefilter

Tipp

Erbsen und Bohnen sind manchmal vom Bohnenkäfer befallen, ohne dass wir es wissen! Trotz verschlossenen Glases sind die Samen plötzlich durchlöchert und kleine Käfer kugeln zwischen den Erbsen umher. Um das zu verhindern, kannst du die Samen nach dem Trocknen für ein paar Tage einfrieren, danach auftauen, wieder trocknen lassen und in Samentütchen packen.

Saatguttüte falten

Du brauchst

- quadratisches Papier
- Stift zum Beschriften

1. Falte das Blatt in der Mitte zu einem Dreieck zusammen.

2. Lege das Dreieck mit der Spitze nach oben vor dich und klappe die rechte Ecke nach links, sodass sie die gegenüberliegende Kante berührt.

3. Das Gleiche machst du mit der linken Ecke, nun bilden sie eine gerade Kante.

4. Die Spitze oben besteht aus zwei Lagen, die obere Spitze steckst du nun so zwischen die Lagen, dass es ohne Kleber hält und eine kleine Tasche entsteht.

5. In diesen Umschlag füllst du nun deine Samen! Die obere Spitze kannst du wie bei einem Briefumschlag umklappen und entweder zwischen die Lagen stecken oder außen mit einem Streifen Klebeband fixieren.

6. Denk ans Beschriften! Die wichtigsten Infos sind die Pflanze, eventuell die genaue Sorte und das Jahr, in dem du die Samen gesammelt hast. Wenn du zufällig weißt, wie tief die Samen gepflanzt werden sollen, kannst du das auch dazuschreiben.

Vorziehen in Pflanzschalen aus Müll

Viele Pflanzen werden vorgezogen, bevor sie nach draußen dürfen. Das hat den Vorteil, dass du schon bei kälteren Temperaturen beginnen kannst, du verschaffst deinen Setzlingen aber auch einen Größenvorteil gegenüber Unkraut. Hier kommen nun 4 Ideen für tolle Pflanzgefäße, bei denen du Müll recycelst und teilweise sogar kompostierst!

Eierkartons

kompostierbar

Trenne einfach Deckel und Boden voneinander und lege sie ineinander. Fülle die einzelnen Eierschälchen mit Erde. Fertig!

Achtung, der Karton saugt sich beim Gießen mit Wasser voll und hält nicht 100 % dicht, denk also an einen Untersetzer. Wenn die Keimlinge so weit sind, kannst du die feuchten Schälchen vorsichtig auseinanderreißen und komplett einpflanzen! Der Karton zersetzt sich in der Erde und die Samen können ihre Wurzeln durch das weiche Material wachsen lassen.

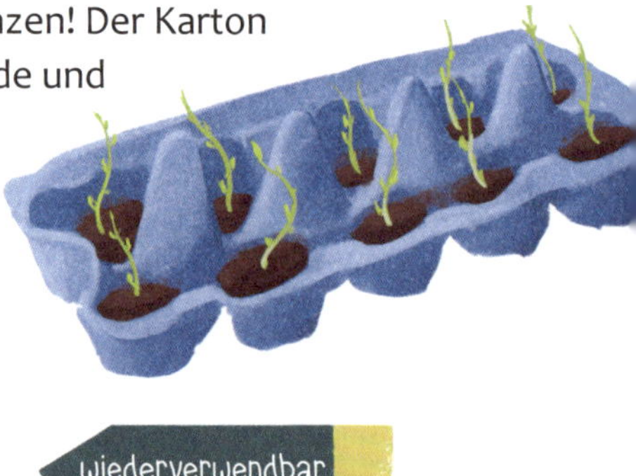

Tipp

Viele Keimlinge mögen es feucht. Um ein kleines Gewächshaus zu improvisieren, kannst du den Eierkarton nach dem Gießen vorsichtig in eine Gefriertüte schieben und die Öffnung dann unter den Karton klemmen. So bleibt die Erde feucht und der Karton braucht keinen extra Untersetzer.

Verpackungen

wiederverwendbar

Plastik als Verpackung ist zwar sehr umstritten, aber für unsere Zwecke als Pflanzschale ein supergutes Material. Es ist wasserdicht, behält die Form, funktioniert für 1–2 Saisons und kommt in vielen verschiedenen Formen in unseren Haushalt. Von Gemüseschalen über Joghurtbecher bis Eisbehälter kannst du einiges vor dem gelben Sack retten und ihm ein neues Leben schenken!

Tipp

Bei Gemüseschalen mit Deckel kann man diese über das bepflanzte Gefäß stülpen und so ein kleines Treibhaus simulieren, in dem die Erde länger feucht bleibt! Aber: Lüften nicht vergessen, sonst schimmelt es.

Tetrapak

wiederverwendbar

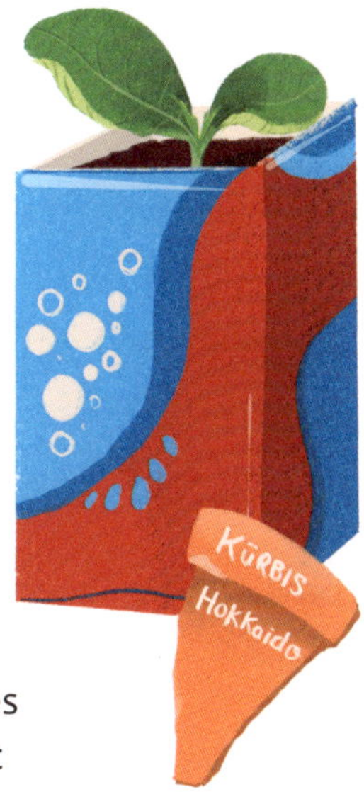

Tetrapaks sind wunderbare wasserdichte Pflanzgefäße! Du hast zwei Möglichkeiten. Entweder, du stellst den Karton hochkant vor dich und schneidest einmal rundherum den oberen Teil ab, dann hast du einen kleinen Topf, dessen Höhe du variabel bestimmen kannst. Für Kürbisgewächse, zu denen auch Gurken und Melonen gehören, ist diese Form super, die werden nämlich ungern oft umgetopft und haben hier von Anfang an viel Platz.

Die Alternative: Du legst den Karton seitlich vor dich und schneidest mit einer Schere eine große Öffnung in eine Seite des Kartons. Denk dran, dass der Deckel fest verschlossen ist, sonst schwemmst du beim Gießen die Erde aus der Öffnung. Diese Form ist super geeignet für Microgreens (siehe Seite 46).

Klopapierrollen funktionieren auch als kleine Pflanztöpfchen!

Gratistöpfe

wiederverwendbar

Frag doch mal in der Gärtnerei in deiner Nähe nach, ob sie Pflanzgefäße übrig haben, die sie sonst entsorgen müssten. Und während der Pflanzsaison finden sich auf Friedhöfen oft Unmengen an kleinen Töpfen in den Mülleimern.

Pflanzschilder – hübsch UND nützlich

Wenn man viele verschiedene Pflanzen sät, dann tut man sich einen großen Gefallen, wenn man alles genau beschriftet.
Hier kommen 7 Ideen, hübsche Pflanzenschilder selber zu kreieren.

Steine

Wenn deine Pflanzen im Topf bleiben und nicht zu buschig werden, sind bemalte Steine eine der einfachsten Optionen. Du brauchst möglichst glatte Kieselsteine und wasserfeste Filzstifte, das war's schon!

Wenn du zwischen Erdbeerpflanzen ein paar Steine legst, die du vorher wie Erdbeeren bemalt hast, hält das Vögel später davon ab, deine reifen Erdbeeren zu naschen!

Tonscherben, kaputte Keramik

Wenn dir das nächste Mal ein Tontopf kaputtgeht, kannst du die großen Scherben (Vorsicht bei scharfen Kanten!) super als Schild benutzen, das du neben deiner Pflanze in die Erde steckst. Hierfür reicht auch ein wasserfester Filzstift aus, bei beschichteter Keramik halten Acrylstifte für Keramik- und Glasoberflächen am besten.

Eisstiele, Löffel

Jedes Eis am Stiel, jeder Eisbecher, den du mit einem kleinen Plastik- oder Holzlöffel futterst, hat ab jetzt noch einen Mehrwert: Eisstiele und -löffel sind auch fantastische Pflanzenschilder, die du auf der einen Seite mit einem wasserfesten Stift beschriften kannst.

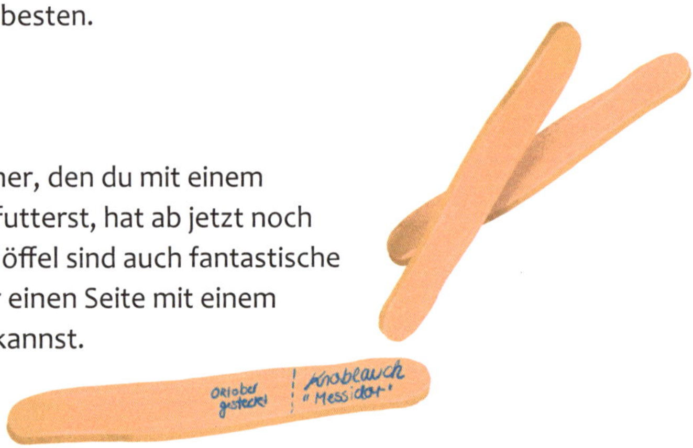

Streifen von Joghurtbechern

Ein Joghurtbecher ist so viel mehr als nur Müll … Wenn du ihn in Streifen schneidest, bekommst du ganz einfach einen Haufen wetterfeste Schilder für deine Pflanztöpfe – völlig umsonst!

Geschnitzte Stöcke

Und weiter geht es mit Naturmaterialien. Diesmal brauchen wir etwa fingerdicke Stöcke und ein Schnitzmesser. Damit entfernen wir auf einer Hälfte die Rinde und schnitzen die Fläche glatt, sodass wir hier beschriften können.

Schneckenhäuser

Die leeren Schneckenhäuser von Weinbergschnecken sind groß genug, um mit einem feinen wasserfesten Stift die Namen deiner Pflanzen draufzuschreiben. Jetzt nur noch auf einen langen Stock in den Blumentopf stecken – fertig, und sehr dekorativ!

Schraubdeckel von Marmeladengläsern

Die Deckel von jedem Glas Senf, Oliven, Marmelade oder sogar von Dosen lassen sich ebenso prima als Pflanzschilder verwenden. Entweder du klebst den Deckel mit Heißkleber an einen Stock oder du bohrst ein Loch an den Rand und hängst die Schilder an deine schon kräftig wachsenden Tomaten, dann musst du nicht auf dem Boden zwischen den Blättern danach suchen.

Vintage Garden

Für dieses Projekt müssen wir unsere üblichen Sehgewohnheiten ablegen. Wir halten nun nach Dingen Ausschau, die als »Gerümpel« bezeichnet werden könnten und die doch noch einen Zweck erfüllen – nämlich Pflanzbehälter sein! Und diesmal geht es nicht um Joghurtbecher, sondern um solide, aber nicht mehr geliebte Gegenstände, die man im Keller, auf dem Dachboden oder beim Sperrmüll finden kann.

Sie sollten nur diese Voraussetzung erfüllen

- als Behältnis geeignet sein
- sich durch Witterung nicht in schädliche Einzelteile zersetzen (brüchige Plastiktüten)
- Charme haben

Primel-Stiefel

Was macht man mit Gummistiefeln, die nicht mehr dicht sind? Man füllt sie mit Gartenerde, setzt ein paar bunte Primeln hinein und stellt sie vor die Haustür zu den anderen Schuhen. Was sonst?

Garten-Teeparty

Keramikschalen, Tassen, eine alte Gieß- oder Teekanne kannst du mit Sukkulenten wundervoll zu einem kleinen Arrangement zusammenstellen.

Reise in die Heide

Ein alter Koffer eignet sich super, denn er bietet viel Platz, genügend Tiefe für Flachwurzler und wir können gleich eine kleine Landschaft gestalten. Heide z. B. gibt es in verschiedenen Farbtönen. Sie mag sandige und saure Böden wie im Nadelwald, du kannst die Blumenerde also mit Sand strecken und etwas morsches Holz einarbeiten. Mit Sand kannst du auch kleine Wege anlegen, aus Eisstielen Wegweiser basteln und aus Schiefersteinen eine Treppe anlegen.

Sprossentransporter

Spielzeuglaster sind wie geschaffen für kleine fahrbare Beete. Eventuell musst du die Ladefläche auf einer Seite noch mit einem Stück Holz schließen, damit beim Gießen die Erde nicht weggespült wird. Und dann kannst du ihn schon beladen … äh … bepflanzen! Zum Beispiel mit Microgreens. Wenn sie erntereif sind, kann der Transporter beim Abendessen herumfahren, und jeder kann sich frische grüne Deko auf den Teller schnippeln.

Mehr zum Thema Microgreens und welche Samen sich dafür eignen, findest du auf S. 46.

Sperrmüll-Kräuterbeet

Wer etwas Glück hat, findet auf dem Sperrmüll sogar große Gefäße, die sich wunderbar zweckentfremden lassen, z. B. eine alte Kloschüssel, ausgediente Autoreifen oder Schubladen. Sie eignen sich hervorragend für ein Kräuterbeet. Hier können auch wunderbar selbst gezogene Stecklinge einziehen!

Wie man die bekommt? Das erfährst du auf S. 42.

Balkon für Sechsbeiner

Insekten sind aus unserem Ökosystem als Nahrung für andere Tiere und als Bestäuber für Pflanzen nicht wegzudenken. Um sie zu unterstützen, können wir ihnen ein Stückchen mehr Lebensraum einrichten, z. B. auf dem Balkon! Dafür stellen wir uns folgende Fragen:

Kapuzinerkresse

Wo gibt's was zu trinken?
Wo können die Kleinen überwintern?
Was gibt's zu futtern?
Und wie lange?

Und damit beginnen wir gleich mal!

Blühzeit verlängern

Viele blühende Pflanzen konzentrieren ihre Blütezeit auf ein paar Monate im Frühjahr. Davor und danach gibt es für Insekten relativ wenig zu holen. Wir können schon viel helfen, indem wir das Nahrungsangebot zeitlich ausweiten und Früh- sowie Spätblüher anpflanzen. Das hat auch den tollen Nebeneffekt, dass wir viel länger von bunten Blüten umgeben sind!

Ganz früh im Jahr

Blausternchen
Sternhyazinthe
Traubenhyazinthe
Schneeglöckchen
Märzbecher
Wildtulpen
Osterglocken

Vorsicht!

Es gibt auch Blühpflanzen, die zwar hübsch aussehen, aber den Insekten leider gar nichts zu bieten haben, denn sie produzieren keinen oder kaum Nektar! Besonders »gefüllte« Arten von Rosen, Dahlien und Chrysanthemen sind außen hui und innen leider pfui. Forsythien gehören auch dazu.

Im Herbst verlängern wir die Saison mit diesen schönen Blüten

- Fetthenne
- Schneebeere
- Sommerheide
- Zinnien
- Ringelblumen
- Kapuzinerkresse
- Tagetes
- Sonnenhüte
- Kornblume
- Katzenminze

Tipp

Krokusse gibt es als Früh- und Spätblüher! Du kannst sie gleich als Kombipaket kaufen und zusammen pflanzen. Damit hast du sowohl im Frühling als auch im Herbst schon etwas für die Insekten anzubieten.

Kräuter-Sträuße

Lass doch lieber mal deine Kräuter kräftig blühen, die werden von vielen Bienen und Hummeln sehr geliebt. Und wieso nicht mal einen hübschen Kräuterstrauß pflücken und verschenken? Diese eignen sich: Thymian, Rosmarin, Salbei, Oregano, Basilikum, Ysop, Lavendel.

Wassertränke, nicht nur für Vögel!

Wasser ist für Insekten lebensnotwendig! Ein Teller, Untersetzer für Blumentöpfe, eine ausgediente Vogeltränke reichen schon aus. Ganz wichtig: Unterschiedlich große Steine und Zweige, die aus dem Wasser ragen, verhindern, dass die Insekten ertrinken.

Wenn du mehr Platz hast, kannst du auch einen kleinen Teich in einem Bottich anlegen!

Du brauchst

- Kübel (z. B. ein Maurerkübel)
- Kies
- 2–3 Wasserpflanzen
- Pflanzkörbe
- Backsteine
- Regen- oder Leitungswasser

Tipp

Diese heimischen Wasserpflanzen fühlen sich auch in einem kleinen Teich wohl:

5–10 cm Wassertiefe
Froschlöffel, Sumpfdotterblume

10–20 cm Wassertiefe
kleiner Rohrkolben, echte Brunnenkresse, Wasserminze

Ein gemütliches Plätzchen zum Überwintern

Ohrenkneifern reicht schon ein umgedrehter Blumentopf mit Stroh. Für manche Wildbienenarten sind hohle Stängel super, du kannst z. B. markhaltige Zweige von Brombeeren in Blumentöpfe stecken. Oder du bohrst mit einer Bohrmaschine einige Löcher in die Längsseite eines alten Stücks Holz. Pass auf, dass die Wände der Löcher glatt sind und sich die Insekten nicht die Flügel an scharfen Kanten verletzen können!

Wie wäre es mit einem kleinen Winterquartier für die Tiere auf deinem Balkon?

Blütentee

Los geht's, heute sammeln wir Blüten und Kräuter!
Drei wichtige Regeln am Anfang:

1. Sammel nur, was du gut kennst! Falls das am Anfang nur wenige Blüten sind, nicht schlimm, mit der Zeit lernst du immer mehr Pflanzen kennen!

2. Sammel an einem sonnigen Tag, wenn es trocken ist!

3. Sammel nicht auf Hundewiesen oder wo gedüngt/mit Pestiziden gearbeitet wird!

Du brauchst

- Körbchen zum Sammeln
- Backblech
- Backpapier zum Trocknen & Rebeln
- Teefilter aus Papier
- Nadel & Faden
- Karton (z. B. Müsliverpackung)
- Schere

Zeitrahmen

Du kannst das ganze Jahr über sammeln, weil immer wieder andere Pflanzen blühen. Für unsere Mischung schauen wir uns im Juni bis August in der Natur um!

Trocknen

Leg deine Blüten und Kräutern luftig ausgebreitet auf Backbleche mit Papier. An einem warmen Ort (z. B. über der Heizung, auf einer Fensterbank) können sie in Ruhe trocknen. Mit einem Geschirrtuch kannst du sie abdecken, damit kein Staub drauffällt und das Sonnenlicht die ätherischen Öle nicht angreift.

Mischen

Nach ein paar Tagen sollten deine Kräuter trocken sein, sodass du sie zwischen den Fingern zerreiben kannst, das nennt man »rebeln«. Nun kannst du in einer großen Schüssel deine eigene Teemischung zusammenstellen!

Tipp

Du kannst die Blüten ganz nach Geschmack und Optik mischen! Meine Empfehlung wäre jeweils ein Teelöffel von diesen Sorten:

Holunderblüten, Brennnessel, Rotklee, Kornblumen und Rose.

Teesäckchen & Etikett

Nimm Teebeutel aus Papier, zeichne mit einem Bleistift eine einfache Form vor und schneide sie aus. Jetzt nähen wir die Form mit Nadel und Faden vorsichtig und möglichst eng nach, damit der Tee nicht wieder rausrieseln kann. An der offenen Seite des Teebeutels lassen wie ein ca. 2 cm großes Loch, durch das wir mit einem Papiertrichter 1–2 Teelöffel der Teemischung reinfüllen können. Jetzt nur noch fertig vernähen und ein Stück Faden für das Etikett übrig lassen!

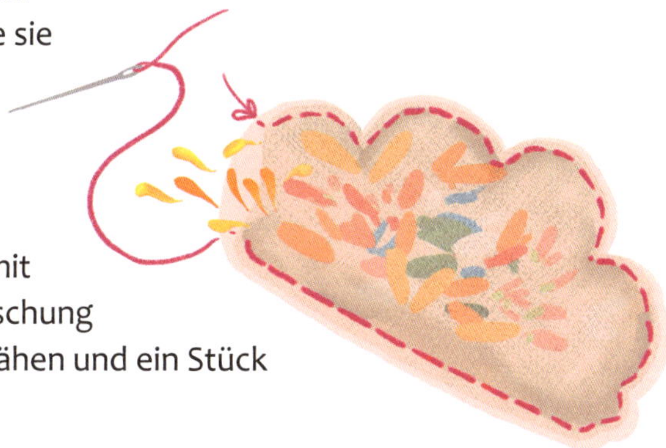

Aus einem Stück Verpackungskarton schneiden wir ein Etikett heraus, falten die bedruckten Seiten nach innen und beschriften die unbedruckte Seite mit den Kräutern und Blüten, die wir verwendet haben.

Lagern

Deinen selbst gemischten Tee lagerst du am besten kühl und dunkel, also nicht im direkten Sonnenlicht. Oder du verschenkst ihn direkt an jemanden, der dir wichtig ist!

Ringelblumensalbe

Salben sind ein toller Einstieg in die DIY-Naturkosmetik, denn du brauchst nur wenige Zutaten. Ringelblumensalbe kannst du auf kleinen Kratzern oder trockener Haut anwenden. Wir mischen dafür zwei Komponenten zusammen, nämlich reines Bienenwachs und einen Ölauszug.

Utensilien

- kleiner Topf oder Schale für Wasserbad
- größerer Topf
- Geschirrtuch
- Sieb
- 2 Schraubgläser

Zutaten

- 15 Ringelblumenblüten
- 50 ml Bio-Sonnenblumenöl (Raps-, Oliven- oder Distelöl geht auch)
- 10 g Bienenwachs

Tipp

Mit ein paar Lavendelblüten oder dem entsprechenden Öl kannst du die Salbe mit beruhigendem Duft verfeinern.

Warmer Ölauszug

1. Zupfe zuerst alle Blütenblätter ab.

2. Dann erhitzt du das Öl und die Blütenblätter vorsichtig in der Schale über dem Wasserbad, wobei das Öl möglichst nicht wärmer als 30 Grad werden sollte. Die Blätter dürfen nun im Öl 30 Minuten bei geringer Hitze ziehen und ihre ätherischen Inhaltsstoffe abgeben.

3. Anschließend wird das abgekühlte Öl durch ein Sieb gegossen, das mit einem sauberem Geschirrtuch ausgelegt ist, und in einem Schraubglas aufgefangen.

Salbe

1. Für die Salbe schmelzen wir das Bienenwachs in einem Topf über einem Wasserbad, dafür muss es etwa 65 Grad heiß werden.

2. Nimm den Topf vom Herd und gieße das Öl in das geschmolzene Wachs. Verrühre die beiden Komponenten miteinander.

3. Fülle die heiße Mischung in ein Schraubglas und lasse sie dann erkalten, bevor du sie zuschraubst.

4. Aufbewahrt wird die Salbe am besten im Kühlschrank.

Tipp

Wenn du die Salbe etwas fester haben möchtest, fügst du mehr Bienenwachs hinzu.

Wenn du mehrere kleine Gläser befüllst, kannst du die Salbe prima verschenken!

Vögel füttern in der Stadt

Vögel beobachten kann ganz leicht sein, wenn man sie über eine Futterstelle nah am Haus anlockt. Allerdings fressen verschiedene Vögel auch unterschiedliche Dinge: Manche bevorzugen Körner und Sämereien, andere jagen lieber Insekten.

So könnte ein ausgewogenes Buffet für die Vögel in deiner Gegend aussehen:

Wichtig

Brot ist tabu für Vögel. Es enthält zu viel Salz und kann ihrer Gesundheit schaden. Außerdem schimmelt es schnell, wenn es draußen feucht wird.

Tipp

Pass auf, dass sich Katzen nicht unbemerkt an deine Futterstelle anschleichen können!

Was kann ich im Frühjahr für die Vögel tun?

In der Brutzeit, also von April bis Juli, kann das fettreiche Futter für die Jungvögel zur Gefahr werden. Sie brauchen am Anfang hauptsächlich proteinreiche Nahrung, also Insekten! Wer in dieser Zeit helfen möchte, kann pro Tag einen Esslöffel in etwas Wasser eingeweichte getrocknete Mehlwürmer anbieten. Das Wasser ist wichtig, da die Vogelküken über die Nahrung »trinken« und sonst zu wenig Flüssigkeit aufnehmen.

Kein Platz für ein Vogelhäuschen?

Für den Nestbau brauchen Vögel Material, und das können auch mal kleine Stückchen Wollreste oder das ausgebürstete Fell von Hund und Katze sein. Das kannst du in kleinen Büscheln in die Zweige hängen. Vielleicht holt sich eine Meise oder ein Spatz etwas zum Auspolstern seines kuscheligen Nests.

Challenge

Na, hattet ihr auch schon mal die Biotonne voller Maden? Nicht besonders appetitlich, zumindest für uns. Aber für Vögel sind sie eine tolle Proteinquelle! Traust du dich, die Maden aus der Tonne zu fischen und den Vögeln in einer Schale anzubieten?

Meisen-Knödel-Party

Wenn du schon einmal Meisenknödel aufgehängt hast, ist dir sicher aufgefallen, dass die gelben und grünen Netze danach als lästiger Müll durch die Gegend wehen. Aber das muss nicht sein, denn wir können sie neu befüllen! Hier kommt ein einfaches Rezept!

Du brauchst

- 2 Schüsseln
- 1 Päckchen zarte Haferflocken (500 g)
- 1 Päckchen kernige Haferflocken (500 g)
- 200 ml Sonnenblumen- oder Rapsöl
- 450 ml Wasser
- 50 g Sonnenblumenkerne oder anderes Vogelfutter
- 1 Löffel

1. Zuerst mischen wir die ganze Packung kernige Haferflocken mit der Hälfte der zarten Haferflocken in einer großen Schüssel. Dazu geben wir das Öl und verrühren alles.

2. Die zweite Hälfte der zarten Flocken verrühren wir in einem weiteren Behälter mit dem Wasser und lassen den Brei für 15 Minuten ziehen.

3. Jetzt werden beide Mischungen zusammengefügt! Achte darauf, dass die Schüssel groß genug ist, damit du alles gleichmäßig verrühren kannst. Das kannst du mit einem Löffel oder den Händen machen.

4. Drücke die Masse jetzt mit den Händen oder dem Löffel in der Schüssel an und lass das Ganze noch mal etwa 10 Minuten ziehen.

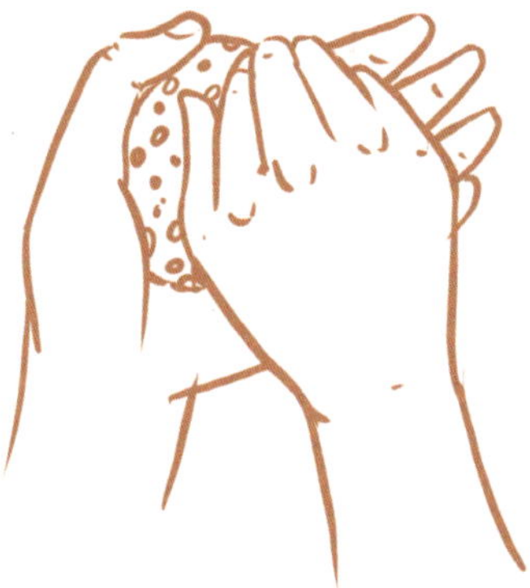

5. Jetzt wird geknödelt! Mit einem Esslöffel kannst du Portionen aus der Masse abstechen, mit den Händen formst du die Knödel und lässt sie nun ein paar Tage an der Luft trocknen. Dann kannst du sie in gebrauchte Meisenknödelnetze oder Futterspender für Meisenknödel füllen. Viel Spaß beim Beobachten der Vögel!

Futterspender pflanzen

Sonnenblumen für die Vögel

Es gibt so viele Anleitungen für tolle Vogelfutterspender aus recyceltem Müll, aber wie wäre es mit einem, der ganz von alleine wächst? Die Grundlage ist so groß wie ein Sonnenblumenkern, die Maximalhöhe kann 3m betragen. Dieser Futterspender dient auch Insekten für einige Monate als Futterquelle und ist außerdem wunderhübsch. Die Rede ist natürlich von der Sonnenblume.

Du brauchst

- Sonnenblumensamen
- Blumenerde
- Blumentöpfe (ab 30 cm Durchmesser)

Tipp

Wenn du keine großen Töpfe oder Platz dafür zur Verfügung hast, kannst du nach kleinwüchsigen Sorten schauen, z. B. »Sunspot«, »Pacino Lemon« oder »Irish Eyes«.

Der Rest ist sehr einfach: Die Kerne werden ab April ca. 2–3 cm tief in Blumentöpfe gesetzt, idealerweise mit torffreier Blumenerde. Sonnenblumen brauchen viel Wasser und keimen nach 1–2 Wochen mit recht großen Keimblättern. Ab diesem Zeitpunkt sollten sie so viel Sonnenlicht wie möglich bekommen, dann blühen sie je nach Sorte von Juli bis Oktober.

Tipp
Andere tolle Futterpflanzen für Vögel sind Körneramaranth, Buchweizen, Disteln oder Ringelblumen.

Challenge

Probiere doch mal Folgendes mit deinen Freunden aus: Jeder zieht 5 Sonnenblumenkerne in verschiedenen Töpfen an und dann vergleicht ihr, welche am besten wächst. Nehmt dafür entweder nur eine Sorte und verändert die Standortbedingungen oder vergleicht verschiedene Sonnenblumensorten.

Mit diesen Faktoren könnt ihr experimentieren

- Anzahl der Samen pro Topf
- sandige bis humose Erde
- sonniger / halbschattiger / schattiger Standort
- viel / mittel / wenig Wasser
- andere Pflanzen im selben Topf
- Dünger / kein Dünger

Kartoffeln anbauen –
auch ohne eigenen Garten

Zeitrahmen

Beginnen kannst du schon im Winter mit dem Vorkeimen. Raus auf den Balkon dürfen deine Pflanzen erst, wenn es keinen Nachtfrost mehr gibt, also ab Mitte Mai.

Kartoffeln richtig vorkeimen

Um Kartoffeln schön vorzukeimen, kannst du sie in Eierkartons sortieren und an einen warmen, hellen Ort stellen, bis sich aus den »Augen« dicke, knubbelige Triebe bilden. Vielleicht habt ihr auch noch ein paar alte Kartoffeln übrig, die schon lange dünne Finger gebildet haben? Die können wir auch nehmen.

Du brauchst

- Erdsäcke (mindestens 20 L, gerne größer)
- Kartoffeln
- Eierkartons
- Laub, Stroh oder kleine Zweige und Erde

Grüne Stellen an Kartoffeln sind giftig!

Tipp

Manche Kartoffelsorten sind besonders geeignet, um sie im Sack anzubauen, weil sie später beim Anhäufeln viele Seitentriebe bilden. Zum Beispiel die »Dänische Spargelkartoffel« oder die wunderschöne »rote Emmalie«.

Gut zu wissen

Frühkartoffeln kommen nicht früher in die Erde, sondern können früher geerntet werden! Sie sind schon nach 80–90 Tagen reif! Späte Kartoffeln brauchen 170–180 Tage in der Erde.

Sack vorbereiten

Erst mal krempeln wir den leeren Sack halb um und füllen ihn bis zur Hälfte mit Laub, kleinen Zweigen oder Stroh, damit überschüssiges Wasser aus der Erde abfließen kann. Wenn du verschiedene Materialien hast, schichte sie von grob nach fein, also Laub oder Stroh auf den Zweigen. Darauf kommt dann eine Schicht Erde, bis der Sack bis zur gekrempelten Kante voll ist. Mit einer Schaufel Sand kannst du die Erde auflockern!

Pflanzen

Wenn draußen kein Frost mehr droht, stecken wir pro Sack maximal 2 Kartoffeln mit gekeimten Augen nach oben ca. 3 cm tief in die Erde und wässern sie. Jetzt heißt es abwarten, bis sich die ersten Triebe zeigen!

Kartoffeln können rosa, lila, gelb oder fast schwarz sein! Rund, oval oder hörnchenförmig. Schau mal online nach alten Sorten, du wirst staunen!

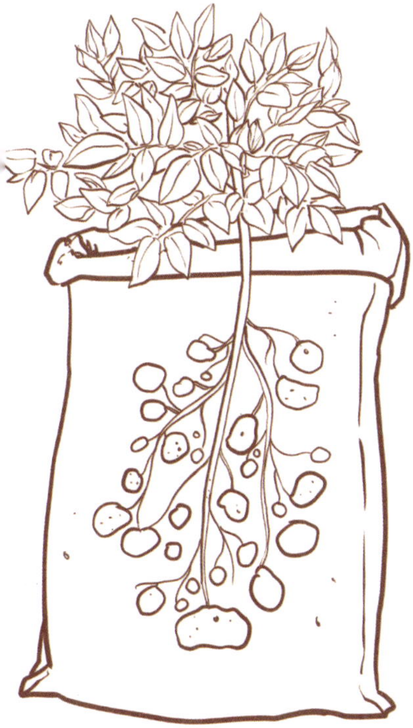

Anhäufeln

Wenn die Pflanzen etwa 20cm aus der Erde schauen, krempeln wir den Sack etwas weiter hoch und füllen ihn wieder mit Erde auf, sodass die Triebe zu einem Drittel mit Erde bedeckt sind. Das machen wir nun immer wieder, bis der Sack komplett hochgekrempelt und mit Erde gefüllt ist. Jetzt dürfen die Pflanzen einfach wachsen und blühen.

Ernten

Wenn du Frühkartoffeln gepflanzt hast, kannst du schon nach Knollen buddeln, wenn die Pflanze noch kräftig grün ist. Andere Kartoffelsorten brauchen etwas länger und können im Sack bleiben, bis das Laub oft schon komplett verdorrt ist.

Kräuter vermehren

Kräuter kann man supereinfach vermehren. Über Samen, das ist ja klar, aber es gibt noch einen Shortcut – über Stecklinge! Das funktioniert mit Kräutertöpfen aus dem Supermarkt, der Gärtnerei oder aus dem Kräutergarten.

Kräuterjagd

Als Erstes gehen wir auf Kräuterjagd! Das Prinzip Stecklinge funktioniert mit vielen verschiedenen mehrjährigen Arten:

- Basilikum
- Minze
- Thymian
- Rosmarin
- Salbei
- Estragon
- Oregano

Stecklinge vorbereiten

Schneide die Stecklinge von der Mutterpflanze am besten im Frühjahr oder Frühsommer ab, denn da haben die Pflanzen bereits neue Triebe gebildet. Benutze ein scharfes Messer oder eine Schere, um einen Zweig abzuschneiden.

Ein Blattpaar und ein Stiel, den du ins Wasser stellen kannst, reichen aus. Alle anderen Blätter unterhalb kannst du entfernen, die würden im Wasser schnell verfaulen. Jetzt kannst du das Bewurzeln der Pflanzen gut beobachten.

Eintopfen

Wenn deine Pflänzchen Wurzeln gebildet haben, kannst du die Pflanztöpfe vorbereiten und die Stecklinge einpflanzen. Drücke die Erde rundherum gut an und gieße sie, bis sie schön feucht ist.

Verschenken

Und was machen wir jetzt mit den 14 Basilikumpflanzen? Na, an deine Freunde und Familie verteilen! Wenn du etwas größere Töpfe hast, kannst du z. B. 3 Kräuter zusammenpflanzen. Achte darauf, dass sie ähnliche Ansprüche an die Erde haben. Gut zusammen passen mediterrane Gewächse wie Rosmarin, Thymian und Oregano oder das Trio Petersilie, Schnittlauch und Basilikum.

Erde ist nicht gleich Erde – eine kleine Einführung

Anzuchterde

ist besonders feinkrümelig, steril und nährstoffarm. So haben es Jungpflanzen leichter, auf der Suche nach Nährstoffen ein ordentliches Wurzelgeflecht auszubilden ohne Konkurrenz durch andere Samen oder Pilzsporen.

Blumenerde

ist nährstoffreicher als Anzuchterde und enthält z. B. mehr Stickstoff und Salze. Sie ist weniger feinkrümelig und für die Ansprüche der meisten Pflanzen gut geeignet. Für Pflanzen, die kargere Böden brauchen, kann man Sand untermischen.

Torffrei

Wer umweltbewusst gärtnern möchte, verzichtet auf Torf in der Erde. Denn der ist besser in den Mooren aufgehoben, wo er viel CO_2 bindet und einen wichtigen Lebensraum bildet, der immer seltener wird.

Süße Kartoffeln

Yay, heute geht's um Süßkartoffeln! Sie stammen zwar aus Südamerika und sind eigentlich an wärmere Gegenden gewöhnt. Trotzdem kann man sie auch in Deutschland kultivieren. Und das geht sogar zu Hause.

Du brauchst

- Bio-Süßkartoffeln
- Glas mit weiter Öffnung
- Anzuchttöpfe
- große Kübel, 20–40 L
- Blumenerde

(Nimm ruhig kleine, die brauchen weniger Platz.)

Teil 1

Süßkartoffel bewurzeln

1. Zuerst müssen wir herausfinden, wo an unserer süßen Kartoffel oben und unten ist, denn sie bildet die Augen (Triebspitzen) am einen, die Wurzeln am anderen Ende. Wenn die Kartoffel ein spitzes Ende hat, ist das meist das Wurzelende. Noch einfacher ist es, wenn du beim Einkaufen ein Exemplar findest, das schon Triebspitzen hat.

2. Nun kommt die Süßkartoffel ins Wasser! Sie sollte mit dem spitzen Ende nach unten etwa zur Hälfte im Wasser stehen. Das Bewurzeln kann 3–6 Wochen dauern. In dieser Zeitsolltest du das Wasser einmal wöchentlich wechseln und aufpassen, dass die Kartoffel nie austrocknet.

3. Na, treiben die ersten Spitzen aus? Wenn die Stängel etwa 5cm lang sind und ein paar Blattpaare gebildet haben, geht es schon mit dem zweiten Teil weiter!

Teil 2 Stecklinge ziehen

Jetzt schneidest du den Trieb oberhalb des ersten Blattes ab. Falls der Trieb schon mehr Blätter hat, kannst du aus einem Trieb mehrere Blattstecklinge schneiden. An jedem dieser Stecklinge haben wir dann ein Stück Stiel mit einem Blatt etwa in der Mitte. In der Blattachsel, also zwischen Blatt und Stiel, kann es nun neu austreiben.

Die Triebe sollten schleunigst ins Wasser, damit die Schnittkante nicht austrocknet. Achte darauf, dass nur das Stielende im Wasser steht, die Blätter würden sonst schnell vergammeln. Das Bewurzeln dauert nur ein paar Tage!

Einpflanzen

Wenn die Wurzeln mindestens 3cm lang sind, kannst du die Stecklinge in vorbereitete Töpfchen pflanzen, jeweils einzeln, damit sie noch Platz zum Wachsen haben. Vergiss das Angießen nicht. Die Spitzen werden gekappt, zum einen, damit sich keine Blüten bilden, aber auch damit die Pflanzen sich verzweigen und buschiger wachsen.

Raus mit euch

Damit sich deine Süßkartoffelpflanzen draußen unter freiem Himmel wohlfühlen, sollte es warm genug sein. Ab Ende Mai haben sie gute Chancen!

Wenn du möglichst große Knollen ernten möchtest, gönn deinen Pflanzen mindestens 40 Liter Platz. In einem kleineren Kübel bilden sich eher schlankere Knollen – die sind aber genauso lecker! Nun brauchen die Pflanzen viel Licht und Wasser.

Ernten

Im Oktober ist es so weit: Jetzt können wir den Kübel umgraben und nach Knollen buddeln! Wusstest du, dass die Süßkartoffel sogar roh essbar ist? Die Süße kommt aber erst beim Erhitzen, wenn sich die Stärke umwandelt.

Grüner Winter

mit Sprossen & Microgreens

Sprossen und Microgreens sind das perfekte Projekt, wenn es draußen ungemütlich wird, du aber nicht aufs Gärtnern verzichten willst. Mit wenigen Materialien kannst du auf der Fensterbank wunderschöne Vitamine und Vitalstoffe in verschiedenen Farben züchten.

Du brauchst

- Marmeladengläser
- Behälter, in den das Marmeladenglas umgedreht hineinpasst
- Haushaltsgummis
- Gitter oder grobes Tuch wie Gaze, Fliegengitter
- Wasser (lauwarm)

Samen:

- Mungbohnen
- Alfalfa (ewiger Klee)
- Radieschen
- Senf
- Rettich
- Zwiebelsamen
- Linsen
- Bockshornklee

1. In das Marmeladenglas füllen wir so viele Samen, bis der Boden gerade bedeckt ist. Du kannst auch eine Mischung aus verschiedenen Samen nehmen.

Sprossen oder Microgreens – Wo ist der Unterschied?

Bei Sprossen können wir den ganzen Keimling essen, also Wurzel, Stiel und Blätter. Bei Microgreens dagegen schneiden wir den jungen Stiel mit Blättern über dem Substrat ab.

2. Dann wird 2–3 Fingerbreit lauwarmes Wasser auf die Samen gegossen.

3. Spanne jetzt das Netz mit den Haushaltsgummis über die Öffnung. So lassen wir die Samen über Nacht im Wasser stehen und quellen.

4. Am nächsten Tag gießen wir das Wasser ab, füllen neues auf und gießen es nach 2–3 Minuten wieder ab. Stell dein Glas mit dem Netz darüber jetzt umgedreht in den größeren Behälter, sodass alles Wasser abfließen kann. Das Spülen machen wir jetzt mindestens 2 x täglich, um die Keimlinge sauber zu halten. Das ist beim Sprossenanziehen sehr wichtig!

Nach 4–5 Tagen kannst du die Sprossen schon verwenden!

Microgreens

1. Am Abend vor dem Pflanzen kannst du deine Samen in einem Gefäß mit Wasser einweichen. Dadurch quellen sie und keimen im Anschluss schneller. Samen, die oben schwimmen, sind taub und du kannst sie aussortieren.

2. Die Dose legen wir mit den Wattepads oder 3 Lagen Küchenpapier aus. Dann wird das Ganze befeuchtet, sodass sich das Material voll Wasser saugen kann.

3. Nun streuen wir unsere Samen gleichmäßig auf die feuchte Unterlage und decken unser Gefäß mit einem durchsichtigen Deckel oder Folie ab, damit die Feuchtigkeit drinbleibt, die Samen aber noch Licht bekommen.

Du brauchst

- Dose mit durchsichtigem Deckel (oder Gefriertüte zum Darüberstülpen) oder Pflanzgefäß aus Tetrapak (siehe S. 21)
- Wattepads oder Küchenpapier
- Sprühflasche oder kleine Gießkanne
- Glas zum Quellen

Samen:

- Kresse
- Brokkoli
- Rote Bete
- Sonnenblumenkerne
- Rotkohl

4. In den nächsten Tagen solltest du das Gefäß mindestens einmal pro Tag lüften, damit sich kein Schimmel bildet, und darauf achten, dass die Unterlage feucht bleibt.

5. Wenn deine Samen gekeimt sind und die ersten Blätter, genannt Keimblätter, ausgebildet haben, kannst du sie büschelweise ernten!

Microgreens-Menü

Es wird Zeit, deine tollen Microgreens zu verwenden, um für deine Familie oder Freunde ein leckeres Essen zu kochen. Vielleicht ist auch deine selbst angezogene Süßkartoffel von Seite 44 schon erntereif, dann wäre sie ideal für dieses Rezept.

Dieses Rezept beinhaltet mehrere Komponenten. Du kannst den Hummus oder die Mayonnaise natürlich auch für andere Gerichte verwenden.

Du brauchst

- 1 Glas gekochte Kichererbsen
- 100 ml kaltes Wasser
- 100 g Sesampaste (Tahini)
- 1 Knoblauchzehe
- 50 ml Apfelessig (Du kannst auch Zitronensaft verwenden.)
- Olivenöl
- Salz
- Kreuzkümmel (optional)

Hummus

1. Gib die Kichererbsen auf ein Sieb und heb die Flüssigkeit unbedingt auf, denn das ist das sogenannte Aquafaba, das du als veganen Ei-Ersatz verwenden kannst und das wir für die Mayonnaise gleich noch brauchen.

2. Püriere nun alle Zutaten gemeinsam im Mixer oder mit dem Pürierstab und schmecke den Hummus mit Salz ab. Wenn du magst, kannst du auch noch etwas gemahlenen Kreuzkümmel dazutun.

Tipp

Du kannst statt Essig auch Zitronensaft verwenden, doch da Zitronen bei uns nicht angebaut werden, kann es klimafreundlicher sein, wann immer möglich, stattdessen Essig aus regionalen Zutaten zu benutzen. Fallen dir noch mehr importierte Zutaten ein, für die es regionale Alternativen gibt?

Vegane Majo

Du brauchst

- 90 g Aquafaba (Kichererbsenwasser)
- 20 g Senf
- 30 g Essig, z. B. etwas von deinem Lieblingsessig auf S. 66
- 20 g Agavendicksaft
- 220 g Pflanzenöl
- Salz
- Messbecher

1. Normalerweise wird Mayonnaise mit Eiern hergestellt, doch erstaunlicherweise lässt sich das Ei gut durch Kichererbsenwasser ersetzen. Gib dafür Aquafaba, Senf, Essig und Agavendicksaft in einen hohen Behälter, z. B. einen Messbecher. Achte darauf, dass er auch breit genug für einen Pürierstab ist.

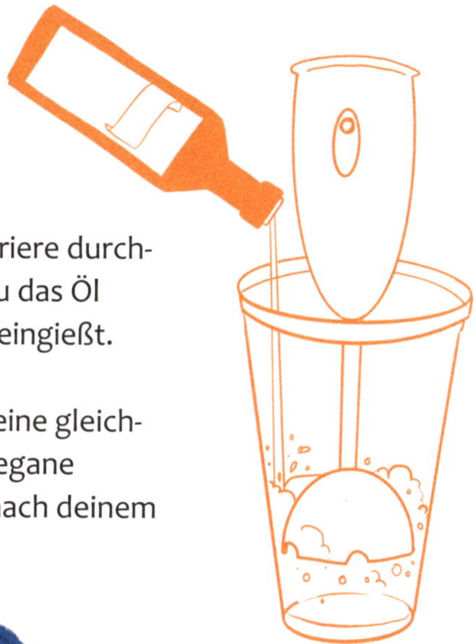

2. Halte den Pürierstab unten im Gefäß und püriere durchgehend die Aquafaba-Mischung, während du das Öl ganz, ganz langsam in einem dünnen Strahl eingießt.

3. Du brauchst etwas Geduld, doch wenn sich eine gleichmäßige helle Creme gebildet hat, ist deine vegane Mayonnaise fast fertig. Schmecke sie noch nach deinem Geschmack mit etwas Salz ab.

Microgreens-Menü Teil 2

Gebackene Süßkartoffel

Du brauchst

für 4 Personen:

- 4 mittelgroße Süßkartoffeln
- Olivenöl
- Salz
- Pfeffer

Tipp

Du solltest den Hummus und die vegane Mayo zuerst herstellen, damit du nicht in Stress gerätst, wenn deine Süßkartoffeln fertig gebacken sind.

1. Halbiere die Süßkartoffel, stich mit einer Gabel ein paarmal in das orangene Fruchtfleisch und würze sie anschließend großzügig mit Salz und Pfeffer.

2. Träufel etwas Olivenöl auf deine gewürzten Süßkartoffelhälften und gib sie bei 180° C in den Backofen.

Tipp

Überleg, ob es etwas gibt, wofür du die Resthitze deines Ofens nutzt, wenn die Süßkartoffeln nach ca. 30 Minuten fertig gebacken sind. Eine gute Gelegenheit, um das klimaneutrale Apfelmus von S. 68 auszuprobieren.

Das Auge isst mit
– wie du dein Festessen am schönsten anrichtest!

Tipp

Du kannst das Rezept auch mit anderem Gemüse nachkochen. Probiere doch mal, in Scheiben geschnittenen Weißkohl im Ofen zu backen. Der ist nicht nur richtig lecker, sondern auch regional und saisonal bei uns verfügbar.

Verteile einen großzügigen Löffel Hummus in der Mitte eines flachen Tellers. Platziere darauf die gebackenen Süßkartoffeln. Verteile nun ein paar Spritzer der veganen Mayonnaise darüber.

Zu guter Letzt kommt der Star des Gerichts, nämlich deine selbst gezogenen Microgreens als Topping oben drauf!.

Vertikaler Garten

Auf kleinem Raum Erdbeeren anbauen? Mit einem Erdbeerturm auf dem Balkon sparst du viel Platz, die Erdbeeren werden früher reif, weil sich die Erde in den Rohren schneller erwärmt, und die Früchte hängen nicht auf dem Boden, wo sie faulen können.

Du brauchst

- 1 Sack Blumenerde
- 3 Abzweigrohre
- 1 Abwasserrohr, etwa 30–50 cm lang – gleiche Stärke wie die Abzweigrohre!
- 1 Meter langer Stab für die Stabilität
- Erdbeerpflanzen (so viele wie Rohrausgänge)
- Blumentopf, größerer Durchmesser als das Rohr

1. Der Blumentopf wird mit Erde befüllt, dann steckst du für die Stabilität des Turms den Stab in die Erde.

Rankende Sorten

- Merosa
- Mignonette
- Diamant
- Red Panda
- Florika

2. Stülpe nun das gerade Stück Rohr und das erste Stück mit Abzweigung darüber und befülle es mit Erde, dann kannst du in den seitlichen Ausgang deine erste Erdbeerpflanze setzen. Vergiss nicht, sie gut anzudrücken und zu gießen.

3. Stecke nun die nächsten Abschnitte mit Abzweigung auf das Rohr, fülle und bepflanze sie wie zuvor, bis aus allen Ausgängen je ein Erdbeerpflänzchen wächst!

Alternative

Wenn du keine Rohre übrig hast oder kaufen magst, kannst du auch verschieden große Blumentöpfe befüllen und übereinanderstellen. In die entstandenen Ränder kannst du deine Erdbeeren pflanzen.

Hängender Garten

Kopfüber-Erbsen

Wusstest du, dass Erbsen auch nach unten wachsen können? Wenn dir der Platz für die Töpfe auf dem Boden fehlt, du aber etwas aufhängen kannst (Balkonkästen oder unter einem Dach), dann kannst du auch da Erbsen säen. Sie sollten mindestens 10–30 cm Erde zum Wurzeln haben. Wenn die Pflanzen zu groß und schwer werden, um sich selbst zu halten, kippen sie, wachsen aber trotzdem weiter, blühen und bilden Schoten aus. Achte darauf, dass die Pflanzen genug Licht bekommen.

Tipp

Die Erbsensorte »Blauwschokker« blüht hübsch in Rosa und hat dunkellila Schoten, die man im dichten Grün der Blätter ganz einfach erkennen und ernten kann.

Du brauchst

- 3–4 PET-Flaschen mit Deckel
- Kordel
- scharfes Messer oder Schere
- Blumenerde
- Erbsen/Stecklinge

Flaschentöpfe

Wenn du viele PET-Flaschen zu Hause hast, kannst du praktische hängende Blumentöpfe daraus basteln. Entweder an einem Haken an der Decke, an einem Balkongeländer oder am Gartenzaun entlang, die recycelten Töpfe funktionieren sowohl draußen als auch drinnen!

1. Als Erstes trennen wir von jeder Flasche den oberen Teil ab, da wo die Flasche schmaler wird. Der Teil, der wie ein Becher aussieht, sollte in den Teil, der wie ein Trichter geformt ist, hineinpassen.

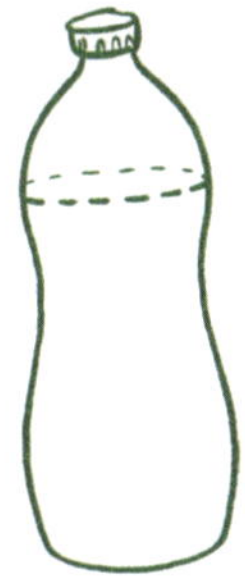

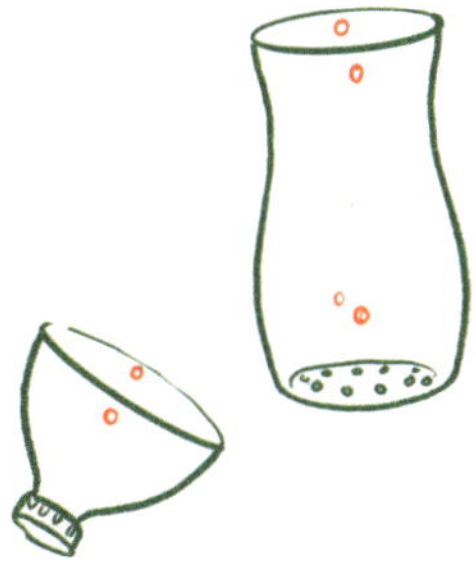

2. Bohre jetzt in den Rand von Becher und Trichter je zwei Löcher, jeweils gegenüberliegend und 2 cm vom Rand entfernt. In den Boden des Bechers bohrst durundherum 4–6 Löcher für das überschüssige Wasser.

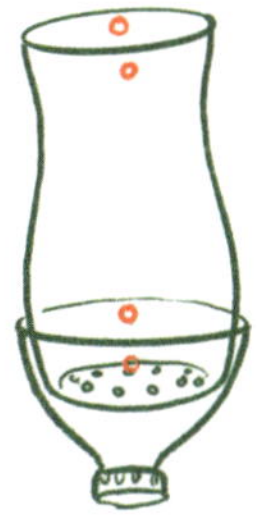

3. Miss etwa 120 cm Schnur ab und fädel die Enden erst von außen durch die Löcher des Bechers, dann nach Innen durch die Löcher des Trichters. Jetzt fixierst du die Enden jeweils mit einem Knoten.

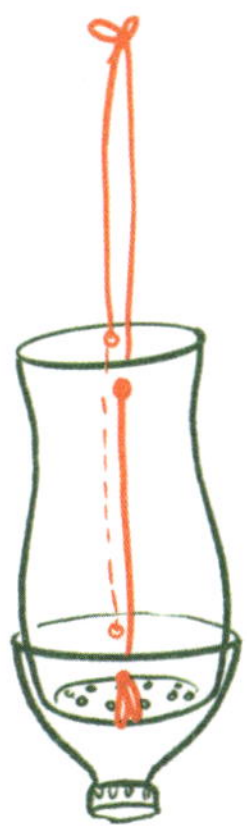

4. Stecke nun den Becher mit der Bodenseite in den Trichter und zieh die Schnur nach oben stramm. So kann das überschüssige Wasser im Trichter aufgefangen werden und du kannst den Topf auch in der Wohnung aufhängen!

5. Jetzt kannst du deinen Topf mit Erde füllen und bepflanzen. Falls du eigene Stecklinge hast, ziehen die bestimmt gerne ein. Sonst kannst du pro Flasche auch 4 Erbsen 2 cm tief in die Erde stecken und sie dann nach unten wachsen lassen.

Wieso haltbar machen?

Wir wenden viel Energie auf, um Lebensmittel zu produzieren, sie weiterzuverarbeiten, zu verpacken und von A nach B zu transportieren und zu lagern. Wandern sie dann ungenutzt auf den Müll, verbrauchen wir noch mal Energie für die Entsorgung. Lebensmittelverschwendung ist also auch Energieverschwendung. Dem kannst du entgegenwirken, indem du Lebensmittel konservierst, bevor sie schlecht werden.

Wenn du auf die Saisonalität von Obst und Gemüse achtest, können du und deine Familie viel Geld und Energie sparen. Egal ob gekauft oder selbst geerntet: Wenn die Lebensmittel Saison haben, sind sie nicht um die halbe Welt gereist. Dann lohnt es sich, größere Mengen haltbar zu machen, um außerhalb der Saison nicht auf teure und weit gereiste Produkte zurückgreifen zu müssen.

Tipp

Ein schöner Saisonkalender kann helfen, immer nach dem saisonalen Gemüse Ausschau zu halten und nach Jahreszeiten das Obst und Gemüse einzukaufen, das gerade auch reif wird.

Frische Lebensmittel verderben, weil sich auf ihnen Mikroorganismen vermehren, die unserem Körper schaden. Um Lebensmittel haltbar zu machen, müssen wir diesen Prozess also stoppen oder verlangsamen.

Zucker & Salz

Sowohl Zucker als auch Salz entziehen dem Lebensmittel Wasser und ohne das haben Mikroorganismen keine Chance. Unter gewissen Umständen kann Salz ab einer 10 %igen Konzentration allein zur Konservierung verwendet werden.
Schau dir dazu doch auch die Rezepte »Ewiges Kräutersalz« und »Rosenzucker« auf Seite 62 an.

Fermentieren

Bei der Fermentation machen wir uns die Arbeit von Milchsäurebakterien zunutze, die nicht nur anderen Mikroorganismen das Essen wegfuttern, sondern auch den pH-Wert senken. Viele schädliche Bakterien und Pilze haben das saure Milieu überhaupt nicht gern, während die für uns unbedenklichen Milchsäurebakterien sich wohlfühlen. Besonders geeignet zum Fermentieren ist Gemüse. Aber auch viele andere Lebensmittel, wie z. B. Käse, Schokolade und Sauerteigbrot, sind fermentiert.
Mehr zum Fermentieren findest du ab Seite 74.

Essig

Auch bei der Konservierung mit Essig nutzen wir Säure, um den pH-Wert zu senken.
Probiere doch das Rezept »dein neuer Lieblings Essig« auf Seite 66 aus, um mehr über Essig zu lernen.

Haltbar machen

Öl & Vakuumieren

In der Luft um uns herum schwirren permanent Bakterien, Hefen und Pilze. Je mehr davon auf unserem Lieblingsessen landen, desto schneller wird es verderben. Darum ist es sinnvoll, sie davon abzuhalten. Das geht z. B. durch das Einlegen von Lebensmitteln in Öl, denn dann kommt keine Luft mehr dran, oder etwas moderner durch das Vakuumieren. Das funktioniert leider nicht für alles, denn das gefährliche Botulinum-Bakterium kann sich auch ohne Sauerstoff vermehren. Deswegen werden Lebensmittel meist stark gesalzen, getrocknet oder mit Essig mariniert, bevor sie in Öl eingelegt werden.

Einkochen

Wenn wir Lebensmittel einkochen, nutzen wir zwei Strategien gleichzeitig. Zum einen landen durch das notwendige sterile Arbeiten nur sehr wenige Mikroorganismen auf dem Lebensmittel und die verbleibenden werden dann so weit wie möglich durch die Hitze zerstört.

Bei Marmelade und Chutney kommt diese Methode zum Einsatz, schau mal auf Seite 82!

Trocknen

Wasser ist Leben und ohne ist doof. Das gilt auch, wenn du ein Bakterium bist, das gerade über einen kurz zuvor im Wald gesammelten Pilz herfallen möchte. Denn ohne Wasser können sowohl große wie auch kleine Organismen sich nicht vermehren, arbeiten oder sonst was machen, was man eben so macht als Bakterium.

Im Grunde lässt sich jedes Lebensmittel trocknen, und am besten ist es, wenn du dir die Energie der Sonne zunutze machst.

Ein Beispiel für diese Methode sind die Apfelringe auf S. 70.

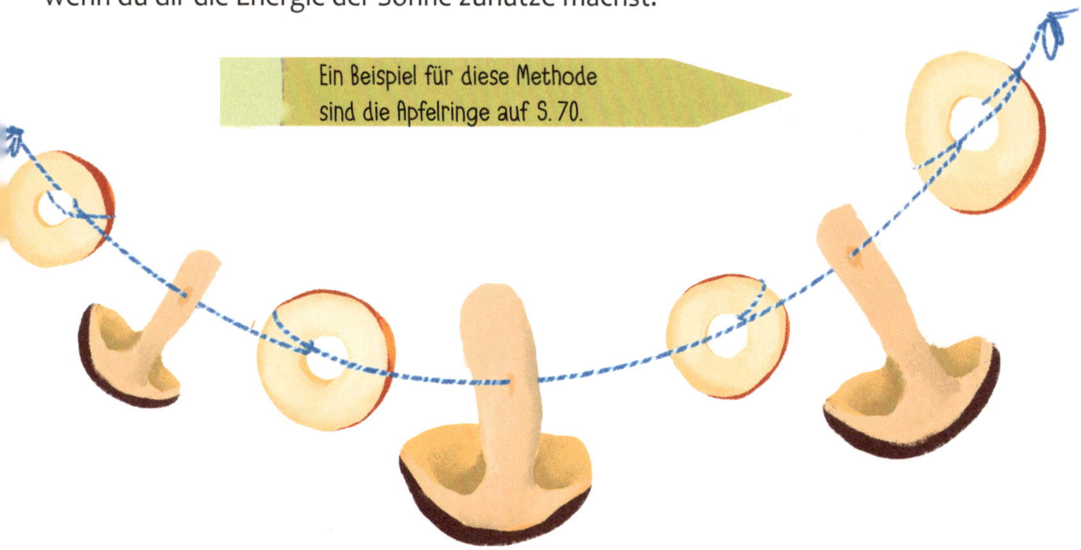

Einfrieren

Eingefrorene Lebensmittel sind aus unserem Alltag nicht mehr wegzudenken. Auch wenn die Methode in unseren Breitengraden leider Energie verbraucht, um das Lebensmittel auf – 18° C runterzukühlen, eignet sie sich für fast alles. Besonders natürlich für Fleisch und Fisch, denn da wird's schwierig mit traditionellen Methoden. Wenn Obst und Gemüse eingefroren werden, ist das eine schonendere Methode, um die tollen Inhaltsstoffe zu konservieren, die wir mit der Hitze beim Einkochen plattgemacht hätten. Einfrieren funktioniert deshalb, weil die Aktivität und Vermehrung von Mikroorganismen bei niedrigen Temperaturen stark reduziert ist.

»German Maracuja«

oder warum du Holunderblüten sammeln solltest!

Im Juni ist es so weit, der Holunder blüht! Dieses »Moschuskrautgewächs« wurde schon als Göttin verehrt, denn der Strauch ist nicht nur schön, sondern auch richtig lecker. Besonders die weißen Blüten mit ihrem exotisch fruchtigen Geschmack, aber auch die reifen, fast schwarzen Beeren haben es in sich.

Holunder-Sirup

Du brauchst

- 1,5 L Wasser
- 0,5 L Zitronensaft
- 1 kg Zucker
- 20–30 Holunderdolden

Ernten

Wenn die prachtvollen Dolden in voller Blüte stehen, kannst du sie mit möglichst wenig Stängel abschneiden, dann hast du später weniger Arbeit beim Zupfen. Keine Angst, es müssen nicht alle Stiele ab, aber die recht dicken Haupttriebe sollten schon weg.

Kochen

Koche nun Wasser, Zitronensaft und Zucker auf. Nimm die Zuckerlösung vom Herd und gib die Holunderblüten dazu. Lass deinen Holundersirup ruhig über Nacht im Topf mit geschlossenem Deckel ziehen.

Abfüllen

Desinfiziere ein paar Gläser oder Flaschen mit kochendem Wasser. Siebe die Blüten aus dem Sirup heraus und koche die Flüssigkeit noch mal auf. Fülle den heißen Sirup vorsichtig in deine Gefäße und verschließe sie sofort. Schon ist der Sirup fertig.

Tipp

Die zuckrigen Holunderblüten brauchst du nicht wegschmeißen, du kannst sie fein hacken und im Kühlschrank aufbewahrt benutzen, um z. B. Süßspeisen zu verfeinern.

Schnelle Holunderblüten-Limo

- 40 ml Holunderblütensirup
- 250 ml sprudelndes Mineralwasser
- etwas Minze

Reib die Minzblätter in deinen Händen, um das Aroma freizusetzen, gib sie zusammen mit dem Holunderblütensirup in ein schönes Glas und gieße es mit Sprudelwasser auf.

Holunderbeeren-Butter

Wenn du die Blütezeit verpasst hast, gibt der Holunder dir Ende August, Anfang September eine zweite Chance. Dann sind die kleinen Beeren reif. Ernte nur reife Dolden ohne grüne Beeren, denn diese sind im rohen Zustand leicht giftig. Du erkennst die reifen Früchte an ihrer schwarzen Farbe.

Du brauchst

- 150 g Holunderbeeren
- 250 g Butter
- 4 EL Zucker
- 1 Prise Salz

Diese Holunderbutter eignet sich wunderbar als Brotaufstrich!

Erwärme die Beeren mit Zucker und einer Prise Salz. Sie sollen ein paar Minuten köcheln, aber ganz behutsam, damit sie nicht aufplatzen. Schmilz in einem weiteren Topf die Butter

Gib die Beeren auf ein Sieb und lass sie etwas abtropfen, bevor du sie mit der geschmolzenen Butter vorsichtig verrührst.

Fülle deine Holunderbutter in Gläser ab.

Ewiges Kräutersalz

Mit dem Kräutersalz schlägst du gleich 2 Fliegen mit einer Klappe: Du bekommst ein superleckeres, aromatisches Salz und findest gleichzeitig Verwendung für Kräuter, die du aktuell nicht brauchst oder die schon leicht welken. Du kannst es immer wieder mit Salz und Kräutern auffüllen, deswegen heißt es auch ewiges Kräutersalz.

Du brauchst

- 100 g Salz
- 20 g frische Kräuter (eine Handvoll)

1. Hacke die Kräuter schön fein und mische sie dann mit Salz.
2. Bewahre dein Kräutersalz luftdicht, z. B. in einem Bügelglas, auf.
3. Wann immer du Kräuter übrig hast, kannst du sie dazugeben und wieder mit etwas Salz auffüllen.
4. Wiege dafür einfach die Kräuter ab und gib für jedes Gramm Kräuter etwa 5g Salz dazu.

Wie man Basilikum-Stecklinge zieht, findest du auf Seite 42.

Rätsel

Welches Rezept beginnt wohl mit Kräuter, endet auf Butter und lässt sich ganz einfach mit deinem ewigen Kräutersalz herstellen? Probiere es doch mal aus und zeige uns dein ganz eigenes Rezept mit dem #ewigeskräutersalz.

Rosenzucker

Du brauchst

- 50 g Rosenblüten
- 250 g Zucker

Auch in Zucker kannst du Schönes aus der Natur konservieren. Als Erstes fällt dir dazu bestimmt Marmelade oder Sirup ein. Doch du kannst auch ganz einfach gewürzten Zucker selber machen.

Vorsicht!

Leider kannst du nicht alle Blüten für dieses Rezept verwenden, selbst wenn die Blüten eigentlich essbar wären. Viele Blumen, die zu Dekorationszwecken angebaut werden, sind stark mit Pflanzenschutzmittel belastet. Du solltest also darauf achten, Blumen aus Bio-Anbau zu verwenden, oder noch besser: Pflanz doch mal selber essbare Blumen!

1. Die Rosenblüten müssen vom inneren Kelch gezupft und dann idealerweise an einem trockenen, schattigen Platz getrocknet werden. Du kannst auch die Resthitze vom Ofen nutzen, achte dann darauf, dass der Ofen nicht zu heiß ist, damit die Blütenblätter nicht braun werden.

2. Zerkleinere die trockenen Blüten, z. B. im Mörser oder Mixer, und vermenge sie dann mit dem Zucker.

Saure-Gurken-Zeit

Sauer macht lustig … und haltbar. Auch in Essig kann man vieles konservieren und das, ganz ohne Energie für die Kühlung zu verbrauchen. Denn die meisten Mikroorganismen, die es auf unsere Lebensmittel abgesehen haben, können in dem sauren Ambiente nicht überleben.

Bekommt man einfacher auf dem Wochenmarkt als im Supermarkt

Du brauchst

- 500 g Einlegegürkchen
- 1 Zwiebel
- 250 ml Apfel- oder Weißweinessig
- 500 ml Wasser
- 1 EL Salz
- 1 Bund Dill

Gewürze

- 1 TL schwarzer Pfeffer
- 1 TL Koriandersaat
- 1 TL Senfsaat
- 1 Lorbeerblatt

Utensilien

- kleiner Topf
- großer Topf
- Bügelgläser zum Aufbewahren

1. Du solltest die Gürkchen gründlich waschen und die beiden Enden (oder Anfänge, ganz wie du das siehst) abschneiden, da diese bitter sein können.

2. Desinfiziere die Gläser mit kochendem Wasser in einem großen Topf.

3. Verteile die in Ringe geschnittene Zwiebel, die Gürkchen und die Gewürze auf deine Gläser.

4. Koche Wasser, Essig, Zucker und Salz in einem kleinen Topf auf und gieße die Essiglake dann in die Gläser, sodass alles bedeckt ist und die Gläser schön voll sind. Wenn du sie verschließt, sollte zwischen der Lake und dem Deckel kaum noch Luft sein. Zur Not kannst du noch weitere Lake nachkochen.

5. Die Gläser solltest du dann schnell schließen, wenn die Lake noch heiß ist, dadurch entsteht beim Abkühlen ein Unterdruck. Durch das Abkochen der Lake, die Säure des Essigs und das Vakuum sind die Gürkchen lange haltbar. Am besten lagerst du sie dennoch an einem kühlen und dunklen Ort, der Keller ist z. B. ideal dafür.

Einlegegurken kann man super auf dem Balkon anbauen!

Tipp

Nicht nur Gürkchen lassen sich so haltbar machen, experimentiere auch mit anderem Gemüse und entwickle so dein eigenes Lieblingsrezept.

So kannst du Gemüse haltbar machen, das gerade saisonal und regional verfügbar und besonders reif und lecker ist. Dann müsst ihr im Winter weniger eingeflogenes Gemüse kaufen und könnt Landwirte in deiner Region unterstützen.

Gewürzklassiker beim Einmachen

Kümmel

Fenchelblüten & Samen

Knoblauch

Dill

Koriander

Senf

Pfeffer

Dein neuer Lieblings-Essig

Die tollsten Essigsorten kannst du ganz leicht selber machen. Wie wäre es mit Cola-Bonbon-Essig? Kein Problem! Essig mit Pfefferminz-Geschmack? Na klar!

Du brauchst

- 100 g Johannisbeeren
- 500 ml Apfelessig

Die beste Grundlage dafür ist Apfelessig, denn der kann regional aus heimischen Äpfeln hergestellt werden, ist gesund und meistens preiswert. Am besten natürlich in Bioqualität. Du kannst ihn eigentlich mit so ziemlich allem aromatisieren, am einfachsten geht das mit Kräutern oder Gewürzen. Die musst du nur in deine Essigflasche quetschen und etwas warten. Du kannst aber auch deine Lieblingsfrucht pürieren und mit Essig mischen und schon hast du z. B. Johannisbeer-Essig.

1. Gib die gewaschenen Johannisbeeren in den Mixer und mach daraus ein Püree. Wenn dich Stückchen oder kleinen Kerne stören, kannst du es durch ein Sieb streichen.

Tipp

Dein Johannisbeer-Essig ist durch die Säure sehr lange haltbar. Wenn du allerdings deinen Essig stark verdünnst, weil du z. B. mehr Früchte auf die gleiche Menge Essig benutzen möchtest, verkürzt sich die Haltbarkeit, du solltest deinen Essig dann lieber im Kühlschrank aufbewahren und bald verbrauchen.

2. Verrühr das Johannisbeerpüree mit dem Apfelessig und fülle es in eine passende Flasche ab.

Sauer und schlauer mit Essig

Essig kann wirklich vielseitig verwendet werden, ein paar spannende Anwendungen von Essig sind zum Beispiel:

Apfeldeo

Selbst als Deodorant kannst du Essig verwenden, dazu mischst du einen Teil Apfelessig mit zehn Teilen Wasser und massierst es nach dem Duschen in die Achselhöhlen ein. Du kannst es auch in einer Sprühflasche verwenden.

Gegen Stinkefüße

Dank Essigwasser sind Käsefüße kein Problem mehr. Einfach Wasser und Apfelessig im Verhältnis von 4:1 mischen und deine Füße 15 Minuten darin baden. Das beseitigt nicht nur unangenehme Gerüche, es hilft auch gegen Pilzinfektionen.

Weichspüler in der Waschmaschine

Essigessenz kann eine umweltfreundliche Alternative zu herkömmlichem Weichspüler sein. Mische dazu Essigessenz und Wasser im Verhältnis 4:1 und gib davon 3 EL pro Waschgang in das Weichspülerfach.

Haarspülung

Mische Wasser und Apfelessig im Verhältnis 3:1. Einfach wie eine Spülung ins Haar und die Kopfhaut einmassieren und nach einigen Minuten Einwirkzeit wieder auswaschen.

Essig gegen Halsweh

Auch bei leichten Halsschmerzen kann Essig helfen. Verdünne zwei Teelöffel Apfelessig mit 100 ml warmem Wasser und gurgel das Essigwasser dreimal täglich.

CO_2-neutrales Apfelmus

Um Energie und Ressourcen zu sparen, ist es wichtig, dass wir die, die wir ohnehin verwenden, so gut wie möglich nutzen.

Der Ofen ist einer der größten Energiefresser. Überlege dir doch, wie du die Restwärme eures Ofens sinnvoll nutzen kannst.

Im Herbst fallen z. B. Dutzende Äpfel ungenutzt zu Boden. Eine gute Gelegenheit, um mit der Restwärme klimafreundliches Apfelmus zu kochen. Und das ist auch noch kinderleicht!

Du brauchst

- Fallobst-Äpfel
- ofenfeste Form

1. Nicht nur schöne Äpfel schmecken lecker. Faulige Stellen oder Wurmwohnungen musst du zwar wegschneiden, doch du brauchst keine Angst vor Druckstellen zu haben – die sind oft besonders süß.

2. Viertel deine Äpfel und entferne das Kerngehäuse. Schneide sie grob in Scheiben.

3. Gib die Apfelscheiben in eine ofenfeste Form und stelle sie in den noch heißen Ofen. Lass sie ruhig so lange drin, wie der Ofen noch heiß ist. Wenn der Ofen abgekühlt ist, sollten die Äpfel recht weich sein.

4. Die Konsistenz variiert natürlich immer ein wenig, abhängig von Restwärme und Apfelsorte. Du kannst die Äpfel einfach ein bisschen klein manschen oder, wenn du das lieber magst, im Mixer fein pürieren.

5. Wenn du das Apfelmus nicht gleich isst, kannst du es ca. eine Woche im Kühlschrank aufbewahren oder einfrieren.

Tipp

Das Apfelmus schmeckt super zu Pfannkuchen, im Porridge oder Quark mit Walnüssen! Das eingefrorene Apfelmus kannst du als Nicecream verwenden, weitere Ideen dazu findest du auf S. 78.

Wusstest du das?

Man kann es sich kaum vorstellen, doch der Apfel ist keine heimische Frucht. Er kommt ursprünglich aus Zentral- und Westasien und doch ist er mittlerweile nicht mehr aus unseren Gärten und Speisekammern wegzudenken.

Denn was heute noch exotisch erscheinen mag, kann schon bald vertraut sein. Also sei immer offen für Neues und bleib zuversichtlich, dass positive Veränderungen stattfinden können.

Apfelringe – nachhaltig snacken

Ein Snack, der lecker, (einigermaßen) gesund und auch noch nachhaltig ist? Gibt es nicht? Gibt es wohl! Aus regionalen Äpfeln kannst du ganz einfach und ganz ohne externe Energie leicht leckere getrocknete Apfelringe machen.

Zuerst waschen wir die Äpfel gründlich und rubbeln sie trocken. Dann werden sie entkernt; das geht am einfachsten mit einem Apfelausstecher.

Nun schneiden wir die Äpfel in Scheiben. Je dünner, desto schneller werden sie trocken. Die Apfelringe verteilst du auf einem Gitter oder Backblech mit Backpapier, sodass sie sich nicht berühren.

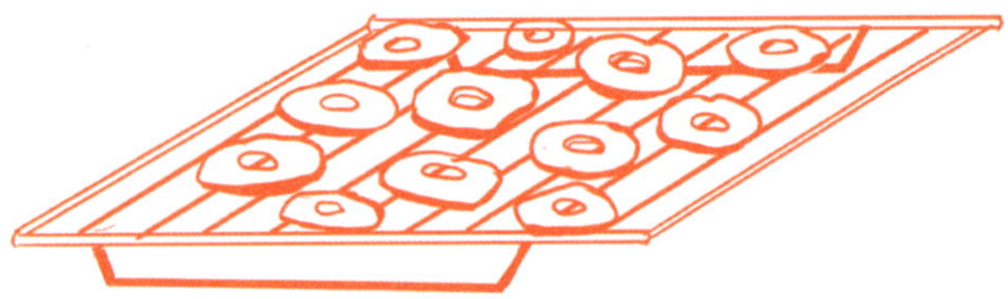

Methode an der Luft

Im Sommer kannst du die Äpfel fantastisch in der Sonne trocknen! Wichtig ist, dass du die Bleche mit einem Tuch abdeckst und so vor Tieren schützt, außerdem sollten sie draußen wettergeschützt stehen. Diese Methode kann je nach Wetter 1–2 Wochen dauern!

Ist es draußen nicht mehr warm genug, kannst du die Apfelringe zum Trocknen auch an einer Schnur über die Heizung hängen. Fädele die Schnur je zweimal durch einen Ring, sodass er fixiert ist. Die Ringe sollten sich nicht berühren! Diese Methode kann je nach Wärme im Raum und Dicke der Scheiben 2–3 Tage dauern. Knusprig wie Chips werden die Apfelringe wahrscheinlich nicht, aber trotzdem ein süßer Snack für zwischendurch.

Methode im Backofen

Schneller, aber nicht ganz so umweltfreundlich geht es im Backofen oder in einem Dörrgerät. Stell den Ofen auf 50–70 Grad Umluft ein und schiebe die Bleche in den Ofen. Klemm einen Holzlöffel in die Tür, damit die Feuchtigkeit aus den Äpfel entweichen kann. Das Trocknen dauert etwa 3 Stunden. Nach einer Stunde kannst du die Ringe einmal wenden, damit sie gleichmäßig durchtrocknen.

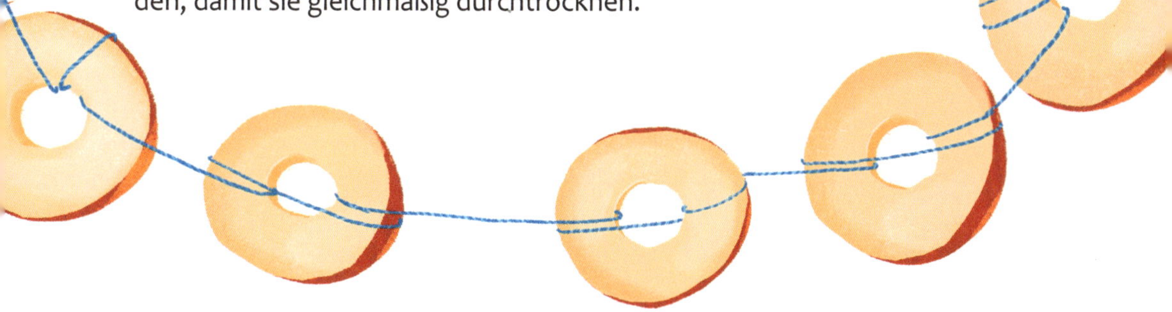

Lagerung

Um deine Apfelringe möglichst lange genießen zu können, lagere sie am besten trocken und luftdicht. Offen gelagerte Äpfel ziehen Feuchtigkeit und werden wieder weich, außerdem können sie dann schnell schimmeln.

Saure Sorten

Jonagold
Elstar
Granny Smith
Boskop
Holsteiner Cox
Jamba

Süße Sorten

Gala
Cox Orange
Retina
Pilot
Gerlinde
Florina

Schalen verwerten: siehe S. 84 Apfeltee

Bienenwachs statt Erdöl

Für Alufolie und Frischhaltefolie werden endliche Rohstoffe gebraucht, sie müssen energieaufwendig hergestellt werden und landen nach einer Nutzung oft schon im Müll, weil man sie nicht gut reinigen kann. Nicht wirklich sinnvoll. Bienenwachstücher sind eine gute Alternative, denn sie sind wiederverwendbar und können aus Resten hergestellt werden!

Tipp

Mach gleich ein paar Bienenwachstücher mehr, dann kannst du noch welche verschenken und die Energie ist besser genutzt!

Du brauchst

- Stoffreste aus Baumwolle (z. B. 30 cm x 30 cm)
- reines Bienenwachs (z. B. Reste von Bienenwachskerzen, Granulat, Platten)
- 2 Lagen Backpapier
- Bügeleisen
- Stoffschere
- kleiner Topf
- hitzebeständige Schale
- Backpinsel (alternativ geht auch ein Löffel)

Vorbereitung

1. Der Stoff sollte gewaschen und im besten Fall gebügelt sein. Schneide ihn auf die gewünschte Größe zu, er sollte an allen Seiten ca. 3 cm kleiner als das Backpapier sein. Wenn du Bienenwachs in einem größeren Block hast, zerkleinerst du es etwas, damit es schneller schmilzt. Dein erstes Stück Stoff legst du auf ein Backpapier.

Wachs schmelzen

2. In einem Topf erhitzt du nun Wasser und stellst eine kleinere hitzebeständige Schale hinein, über den Wasserdampf. Darin kannst du dein Wachs nun schmelzen.

Verteilen

3. Mit einem Backpinsel verteilst du das flüssige Wachs grob auf deinem Stoff. Jetzt ist es auch Zeit, das Bügeleisen aufzuheizen.

Vorsicht

Achte darauf, dass du das flüssige Wachs nicht aus dem Backpapier schiebst, sonst hast du auch flott deinen Tisch gewachst!

Tipp

Bienenwachs bekommt man entweder als kleine Pellets, Platten oder als ganzen Block. Wenn du einen Imker in der Nähe hast, kannst du auch ihn nach Wachsresten fragen!

Stoff wachsen

4. Nun legst du das zweite Backpapier darüber und beginnst, deinen Stoff durch das Papier zu bügeln. Sobald die Fläche und besonders die Ränder dunkler werden, als wären sie nass, kannst du das obere Backpapier abnehmen und dein Bienenwachstuch an zwei Enden vorsichtig abziehen. Halte es zum Trocknen. Das Backpapier kannst du für die nächsten Tücher wiederverwenden!

Reinigung

Bienenwachs schmilzt schon bei etwa 60 Grad, darum reinige das Tuch am besten unter kaltem oder lauwarmem Wasser mit mildem Spüli. Vorsicht, im Backofen, der Microwelle oder über heißem Essen wird sich das Wachs wieder verflüssigen!

Gartenkimchi

»Kimchi« bedeutet im Koreanischen »fermentiertes Gemüse«. Auch wenn man damit meist das traditionelle koreanische Kimchi meint, kann man eigentlich so ziemlich alles fermentieren. Für deine ersten Fermentationsversuche kannst du dir folgende Faustregel merken: Alles, was du roh essen kannst, kannst du auch problemlos fermentieren.

Diese uralte Methode zum Haltbarmachen nutzt fleißige Milchsäurebakterien, die quasi überall zu finden sind. Sie futtern den anderen Mikroorganismen wortwörtlich das Essen weg und wandeln es dazu noch in Milchsäure um. In diesem sauren Milieu wiederum fühlen sich für uns schädliche Mikroorganismen weniger wohl.

Klingt ganz schön wissenschaftlich und irgendwie kompliziert, oder? Könnte aber eigentlich einfacher nicht sein. Wir müssen nur dafür sorgen, dass sich unsere Milchsäure-Freunde wohlfühlen und es anderen unerwünschten Bakterien-Kollegen erschweren, es sich auf unserer Mahlzeit gemütlich zu machen.

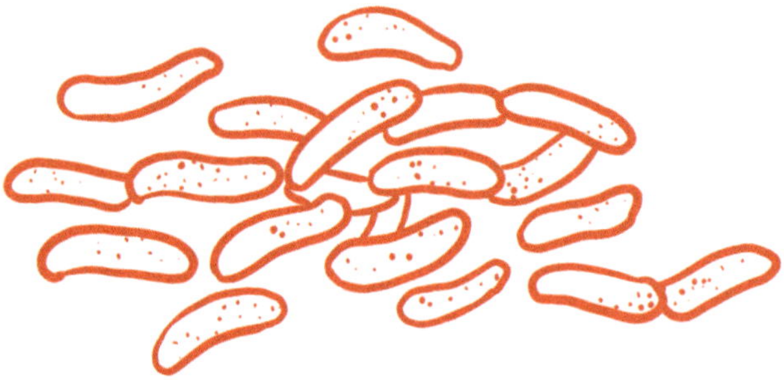

Ein einfacher Trick dafür ist die Verwendung von Salz. Die Faustregel ist ganz einfach: 2 % Salz, also auf 1 kg Gemüse 20 g Salz. Außerdem ist es wichtig, dass keine neuen Mikroorganismen über die Luft übertragen werden. Das Gemüse also luftdicht verschließen. Die Milchsäurebakterien fühlen sich auch ohne Sauerstoff wohl.

Jetzt wird es ganz verrückt! Damit es mit dem Fermentieren klappt und das Gemüse nicht schlecht wird, darf man es nicht kalt stellen. Man spart also auch noch Energie und Platz im Kühlschrank.

Ist die Fermentation aber erst mal ordentlich im Gang und dein Gemüse sauer genug, kann man es z. B. in den Keller stellen, um den Prozess etwas zu verlangsamen, sodass es nicht noch saurer wird.

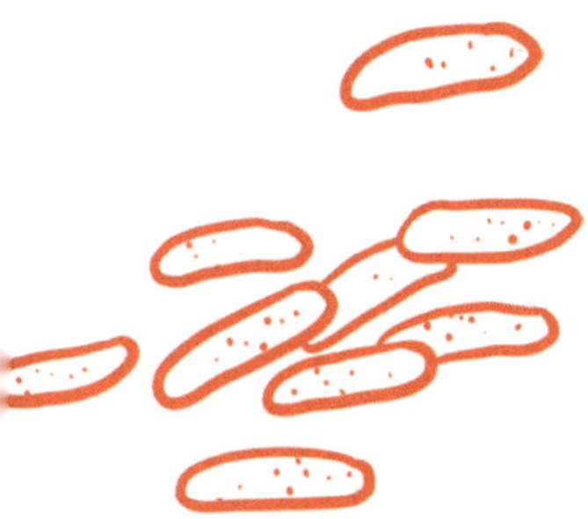

Gartenkimchi Rezept

Fermentation ist wirklich die Eier legende Wollmilchsau der Konservierungsmethoden. Sie ist nicht nur einfach und energiefreundlich, fermentierte Lebensmittel sind zudem noch lecker und gesund. Denn die Milchsäurebakterien legen bei ihrer Arbeit auch Inhaltsstoffe und Aromen frei, die vorher fest verschlossen in deinem Gemüse gelagert waren.

Du brauchst

- 1 kg Kohl
- 200 g Karotten
- 100 g Lauch
- 100 g Rettich
- 100 g Paprika
- 2 Knoblauchzehen
- 1 Stk. Ingwer, daumengroß
- 30 g Salz
- Chili, wenn du magst

1. Du solltest dein Gemüse waschen und natürlich solltest du mit Lebensmitteln immer sauber arbeiten. Du musst aber nicht deine ganze Küche desinfizieren und im Laborkittel schnippeln. Denn schließlich wollen wir uns ja die natürlich vorkommenden Milchsäurebakterien zunutze machen.

2. Apropos »schnippeln«: Schneide den Kohl in Streifen, das Gleiche gilt für den Lauch und die Paprika. Rettich und Karotte kannst du einfach mit einer groben Reibe raspeln. Ingwer und Knoblauch wiederum solltest du möglichst fein schneiden.

Tipp

Die Gemüse-Zusammenstellung in diesem Rezept ist eigentlich nur ein Platzhalter, du kannst so ziemlich alles dafür verwenden, was du magst.

3. Verteile nun das Salz auf dem Gemüse, »massiere« es ein und lass es etwa eine halbe Stunde stehen. In der Zeit kann das Salz etwas Flüssigkeit aus dem Gemüse ziehen, mit dieser Flüssigkeit sollte dein Kimchi nachher bedeckt sein.

4. Entsteht aus unerfindlichen Gründen nicht genug Salzlake, kannst du einfach 500 ml Wasser mit 10 g Salz verrühren und von dieser Lake etwas zu deinem Gemüse dazugeben.

5. Fülle nun dein Gemüse, möglichst dicht gepackt, in ein Bügelglas. Bügelgläser eignen sich für das Fermentieren am besten, da sie entstehende Gase raus-, aber keine neue Luft reinlassen.

6. Jetzt heißt es warten. Du kannst dein Gemüse zwar auch schon nach ein paar Tagen probieren, so richtig spannend wird es aber erst, wenn du es mehrere Wochen fermentieren lässt.

Dazu schmeckt Kimchi superlecker:

Kimchi-Pizza

Kimchi-Nudeln

Kimchi-grilled-Cheese

Kimchi-Dumplings

Beste Reste

Nicecream

Kennst du schon Nicecream? Das ist ein veganes und superschnell herzustellendes Eis auf Basis von Bananen. Das Tolle daran: Für Nicecream eignen sich besonders sehr reife Bananen, die wir sonst oft wegschmeißen. Auch andere Reste lassen sich einfrieren und später für leckere Desserts verwenden. Probier auch mal, folgende Reste-Zutaten einzufrieren:

Zutaten

- Erdbeeren
- Waldbeeren
- Kiwi
- Mango
- Pfirsich
- Melone
- Kirschen
- Pflaumen
- Kokosnussmilch oder Sahne in Eiswürfelform

Und diese Toppings könnten dein selbst gemachtes Eis wunderschön zur Geltung bringen:

Toppings

- Nüsse (Walnüsse, Erdnüsse, Mandelsplitter, Pistazien)
- Kokosraspeln
- Schokodrops
- Minzblätter
- Streusel
- Granola
- saisonales Obst
- Sauce (z. B. Karamell, Nugat, Vanille, Erdbeer)

Tipp

Wenn du die Bananen in Scheiben schneidest und erst flach ausgebreitet für 3 Stunden einfrierst und danach in einen Beutel füllst, kleben sie nicht aneinander und lassen sich später einfacher pürieren!

Vorbereitung

Du brauchst 2 sehr reife Bananen (die Schale kann komplett braun sein! Solange sie nicht schimmeln, sind sie besser, je reifer sie sind). Schäle sie und schneide oder brich sie in Stücke und frier sie in einem Beutel ein.

Dann brauchst du noch bei jeder Variante einen Mixer, der auch gefrorene Sachen kleinkriegt.

Zubereitung

Nun gibst du deine Zutaten in einen Hochleistungsmixer und pürierst sie so fein, wie du möchtest. Entweder du richtest die Nicecream direkt mit den Toppings in einer Schüssel an oder du frierst die Masse in einem flachen Behälter noch mal für 2 Stunden ein, um Eiskugeln formen zu können.

1. Variante

- 2 Bananen
- 1 TL ungesüßtes Kakaopulver
- 1 EL Erdnussbutter

Toppings:
- Schokostreusel
- Erdnüsse gehackt

2. Variante

- 2 Bananen (gefroren)
- Erdbeeren (gefroren)
- 50 ml Kokosnussmilch
- Vanilleextrakt

Toppings:
- Kokosraspeln

3. Variante

- 2 Bananen (gefroren)
- Waldbeeren (gefroren)
- 1 EL Mandelmus

Toppings:
- Minzblätter
- Granola
- frische Beeren

Beste Reste

Karottengrün-Pesto

Wenn du einen Bund Möhren gekauft hast, solltest du die Karotten am besten ohne Grün lagern, denn durch die größere Oberfläche kann sonst viel Wasser verdunsten und die Karotten werden schneller schrumpelig. Doch das Karottengrün sollte auf keinen Fall im Müll landen, mach doch stattdessen dieses leckere Pesto daraus!

Du brauchst

- ein Bund Karottengrün
- 70 g Walnüsse, geröstet
- 70 g Parmesan
- 90 ml Olivenöl
- 10 ml Apfelessig
- 1 gestrichener TL Salz
- Topf
- Schale
- Pfanne
- Mixer

Tipp

Halte im Oktober Ausschau nach Walnussbäumen, oft verwendet niemand die heruntergefallenen Nüsse. Im Zweifel kannst du nett fragen, ob du sie aufsammeln darfst. Leg sie auf die Fensterbank und bewege sie ab und zu, damit sie gleichmäßig trocknen können.

1. Stell zunächst einen kleinen Topf mit Wasser auf den Herd und bring das Wasser zum Kochen. Daneben stellst du eine Schüssel mit kaltem Wasser. Bis das Wasser kocht, kannst du das Karottengrün schon mal grob zupfen. Das muss nicht perfekt sein, aber du solltest die ganz großen Stiele entfernen, da sie ein wenig zäh sein können.

2. Wenn es so weit ist, gibst du das Karottengrün in das kochende Wasser, nimmst es sofort wieder raus und kühlst das Grün in der bereitgestellten Schüssel mit kaltem Wasser ab. Danach lässt du das Karottengrün auf einem Sieb abtropfen. Diesen Vorgang nennt man Blanchieren. Er hilft besonders bei grünem Gemüse oder Kräutern, die schöne Farbe zu erhalten.

3. Die Walnüsse solltest du in einer Pfanne ohne Öl etwas anrösten, dann schmecken sie besonders lecker. Während du ihnen beim Rösten zuschaust, kannst du schon mal den Parmesan reiben.

4. Nun müssen nur noch alle Zutaten zusammengemixt werden und schon ist dein Pesto fertig. Das geht mit einem Pürierstab, aber auch stromlos mit deinen Muckis im Mörser. Guten Appetit!

Fallobst-Chutney

Fallobst ist super! Es ist lecker, reif und würde wahrscheinlich, wenn du es nicht einsammelst, ungenutzt bleiben. In ländlichen Regionen freuen sich zwar auch Wildtiere über die süßen Früchte, oft ist es aber so viel, dass sie bestimmt bereit sind, mit dir zu teilen.

Die Zutatenliste sieht lang aus, doch das Rezept ist wirklich ganz einfach.

Du brauchst

- 300 ml Apfelessig
- 250 g brauner Zucker
- 1 Zwiebel
- 500 g Äpfel
- 500 g Pflaumen
- 4 Knoblauchzehen
- 1 Stück Ingwer, daumengroß
- 2 TL Salz

Gewürze

- 1 TL Kreuzkümmel
- 1 TL Zimt
- 1 TL Anis

1. Viertel die Äpfel und schneide das Kerngehäuse heraus. (Das ist übrigens durchaus essbar, nur stören viele Leute die Kerne.)

   Die Pflaumen kannst du halbieren und dann den Kern aus der Mitte herauslösen. Es ist überhaupt nicht schlimm, wenn die Obststücke nicht gleichmäßig sind. Das Gleiche gilt auch für die Zwiebel, die du ebenfalls klein schnippelst.

2. Den Ingwer und Knoblauch hingegen solltest du sehr klein schneiden, es kann sonst unangenehm sein, wenn man später auf ein großes Stück beißt.

3. Gib nun alle Zutaten inklusive der Gewürze in einen Topf und koche dein Chutney etwa anderthalb Stunden bei mittlerer Hitze ein.

4. Du kannst das Chutney ohne Probleme ein bis zwei Wochen im Kühlschrank lagern und aufbrauchen. Wenn du eine größere Menge Fallobst-Chutney kochen möchtest, kannst du es aber auch in Gläsern einkochen und haltbar machen (mehr dazu auf Seite 58).

Tipp

Auch wenn ein Obstbaum herrenlos erscheint, möglicherweise steht er auf einem privaten Grundstück oder auf einer Fläche, die der Gemeinde gehört, dann dürftest du die Früchte nicht aufsammeln, ohne zu fragen. Es gibt aber tolle Internetseiten, wie Mundraub.org, die auf einer Karte Obstbäume und Sträucher verzeichnen, deren Früchte der Eigentümer frei zur Verfügung stellt.

Obstschalen verwenden

Apfeltee

Apfeltee kann man im Supermarkt günstig kaufen – also wieso sollte man ihn selber machen? Ganz einfach, dein eigener Tee wird keine künstlichen Geschmacksverstärker enthalten, ist bei Bioäpfeln nicht pestizidbelastet und bei deiner Wahl der Äpfel kannst du auf Regionalität achten und gleichzeitig Reste verwerten und Müll vermeiden.

Tipp

Im Winter passen Nelken, Honig und Zimtstangen gut in den Tee! Einfach mit zu den gelagerten Schalen geben. Du kannst die Apfelschalen auch zu losem Grün- oder Schwarztee mischen und diesen so verfeinern.

Im Sommer geben Zitronenmelisse und Minze einen erfrischenden Geschmack, wenn du den Tee kalt ansetzt und über Nacht im Kühlschrank ziehen lässt.

So geht's

Übrig gebliebene Apfelschalen kannst du bei Restwärme im Ofen (nach dem Kuchenbacken zum Beispiel) oder über mehrere Tage über der Heizung trocknen. Die Schalen bleiben durch das Pektin noch leicht elastisch, auch wenn sie trocken sind.

Lagern kannst du die Schalen nun in einem verschließbaren Gefäß, z. B. einem Schraubglas.

Für den Tee übergießt du etwa zwei Esslöffel der Schalen mit kochendem Wasser und lässt ihn ziehen. Zum Süßen und Intensivieren kannst du einen Schluck Apfelsaft hinzugeben.

Wenn nix mehr geht – Wurmtee!

An irgendeinem Punkt ist auch mal Schluss, da kann man nichts Leckeres mehr aus den Resten machen, zumindest nicht für uns Menschen! Wer mit muffigen Obst- und Gemüseschalen noch sehr viel anfangen kann, sind Kompostwürmer. Aber dazu erfährst du mehr im Kapitel »Wurmtee« auf Seite 86!

Kandierte Zitrusschalen

Aus Zitrusschalen kann man auch eine tolle Süßigkeit herstellen! Entweder zum Selbernaschen oder Verschenken.

Du brauchst

- Schale von 4 Bio-Orangen
- 200 ml Wasser
- 300 g Zucker
- optional: Gewürze wie Zimt, Nelke, Kardamom, Sternanis, Vanille
- Zartbitterkuvertüre
- Topf
- Sieb
- Backpapier

Schalen vorbereiten

1. Erst werden die Orangen gründlich gewaschen. Schneide dann die Enden der Orangen mit einem Messer ab, ritze die Schale 6-mal ein und pelle sie vorsichtig vom Fruchtfleisch. Dann kannst du sie in etwa 5 mm breite Streifen schneiden.

In Zucker aufkochen

2. Löse 200 g Zucker in 200 ml Wasser und koche die Schalen darin auf. Bei diesem Schritt kannst du nach Belieben Gewürze mit hinzugeben. Lass die Schalen mindestens 10 min köcheln und über Nacht im Zuckerwasser ziehen.

Mehr Zucker!

3. Am 2. Tag kochst du die Schalen erneut für 10 min auf und fügst wieder 100 g Zucker hinzu. Nun sollten die Schalen leicht transparent sein.

Trocknen

4. Anschließend kannst du die Schalen über einem Sieb abgießen und dabei den Zuckersirup auffangen. Trockne die Schalen über Nacht mit Abstand zueinander auf Backpapier.

Kuvertüre

5. Anschließend hackst du die Zartbitterkuvertüre in feine Stücke und lässt sie in einem kleinen Topf auf dem Herd schmelzen. Jetzt kannst du die kandierten Schalen in die Schokolade dippen und wieder trocknen lassen. Dieser süße Snack ist nun mehrere Monate haltbar und du hebst ihn am besten in einem luftdicht verschließbaren Behälter auf.

Tipp

In einer kleinen Flasche abgefüllt ist der Sirup ein superschönes Geschenk oder eignet sich wunderbar zum Süßen von Dessert & Punsch.

Wurmtee?

Mit einem Wurmkompost kannst du aus Küchenabfällen schwarzes Gold produzieren! Du bekommst also Komposterde und Flüssigdünger aus Müll und hast gleichzeitig noch etwa 500–1000 Haustiere. Und das ohne Garten!

Bei einem Wurmkompost werden die Würmer in einer Kiste gehalten und mit Küchenabfällen gefüttert. Daraus machen die Würmer dann sehr nährstoffreichen Humus, den du für deine Pflanzen als Dünger verwenden kannst. Als Zusatzprodukt entsteht sogenannter Wurmtee, den du verdünnt als Flüssigdünger ins Gießwasser geben kannst.

Was brauchen die Würmer?

Eine Truppe von 500 Würmern sollte maximal 400–500 g Abfälle am Tag gefüttert bekommen, davon 20 % Papierschnipsel und 80 % Bioabfälle. Die optimale Temperatur für die Würmer ist zwischen 15 und 25 Grad. Der beste Ort für deine Kiste ist also in der Wohnung, aber nicht neben der Heizung. Im Frühjahr, Sommer und Herbst kann die Kiste abhängig vom Wetter auch auf dem Balkon oder der Terrasse stehen. Die Erde sollte immer feucht genug sein.

Gutes Futter

- Obst- und Gemüsereste (roh & klein geschnitten)
- Tee- und Kaffeesatz
- Zeitungspapier und Karton
- Eierschalen (pulverisiert)

Kein Futter

- gekochte, gewürzte Essensreste
- Chemikalien
- beschichtetes Papier
- Zitrusfrüchte
- Milchprodukte
- Fleisch und Fisch
- Getreideprodukte
- Fäkalien und Katzenstreu

Stinkt das nicht, da ist doch Müll drin?

Nein, solange das Klima in der Kiste stimmt, riecht es nach Erde und Waldboden. Wenn es anfängt zu müffeln, haben die Würmer zu viel oder das falsche Futter bekommen.

Wo bekommt man eine Wurmkiste?

Für Wurmkisten gibt es schon ein paar Anbieter, die komplette Sets samt Würmer-Paket anbieten. Hier musst du maximal die Kiste zusammenbauen und dich an die Anleitung halten! Falls du handwerklich etwas begabt bist, kannst du natürlich auch das Prinzip nachbauen und dir bloß ein Set Würmer bestellen. Hier findest du ein paar Angebote:

Tipp

Um festzustellen, ob die Feuchtigkeit ausreicht, nimmst du eine Handvoll Erde (aber ohne Würmer!) und presst die Hand zu einer Faust. Wenn ein bisschen Wasser raustropft, ist es genau richtig. Mit einer Sprühflasche kannst du die Erde anfeuchten, wenn es noch nicht ausreicht, oder trockene Zeitung untermischen, wenn sie zu nass ist.

Shops

www.nordwurm.de
www.wurmwelten.de/shop/
www.wurmkiste.at

Baumpatenschaft

Dass Bäume in der Stadt sehr wichtig sind, ist dir sicher bewusst. Sie spenden Schatten, filtern unsere Luft, bilden neuen Sauerstoff, dämpfen den Lärm und bieten Tieren Lebensraum. Aber wusstest du, dass sie auch aktiv die Temperatur senken können? Sie verdunsten Wasser über ihre Blätter, das sie mit ihren Wurzeln aus der Tiefe hochholen, und kühlen damit ihre Umgebung spürbar herunter.

Bäumen helfen? 3 Optionen

Gießpatenschaft Nr. 1

Im Sommer kommen die Städte mit dem Bewässern der Bäume oft nicht hinterher und können nur eine Grundversorgung leisten. Vielen, besonders jungen Bäumen reicht das aber nicht aus. Bei einer Gießpatenschaft hilfst du bei Trockenheit mit, die Bäume in deiner Umgebung zu bewässern, im besten Fall frühmorgens oder abends.

z. B. www.giessdenkiez.de in Berlin oder GießkannenHeld:innen in Essen

Baumpatenschaft in der eigenen Stadt Nr. 2

Wenn du als Baumpate oder Patin aktiv bist, kümmerst du dich um einen Baum in deiner Nachbarschaft und die Baumscheibe drum herum. Du kannst sie so bepflanzen, dass du einen Lebensraum für Tiere schaffst und das Regen- oder dein Gießwasser optimal gespeichert wird.

In Nürnberg zum Beispiel wird man bei der Erstbepflanzung mit einem Gutschein bei einer städtischen Gärtnerei unterstützt.

Blauglockenbaum = Klimabaum

Es gibt sogar besondere Klimabäume, die nicht nur mit der Verdichtung des Bodens, Platzmangel, Streusalz, Hitze und Abgasen zurechtkommen, sondern besonders schnell wachsen und in ihrer Lebenszeit viel mehr CO_2 binden können als andere Bäume. Der Blauglockenbaum ist ein solcher Kandidat. In 20 Jahren bindet er 46-mal so viel CO_2 wie eine deutsche Eiche! Er bildet riesige Blätter und prächtige bienenfreundliche Blüten aus und das schnell wachsende Holz ist vielseitig verwendbar. Allerdings ist er nicht heimisch, sondern kommt aus China und könnte als invasive Art eingestuft werden.

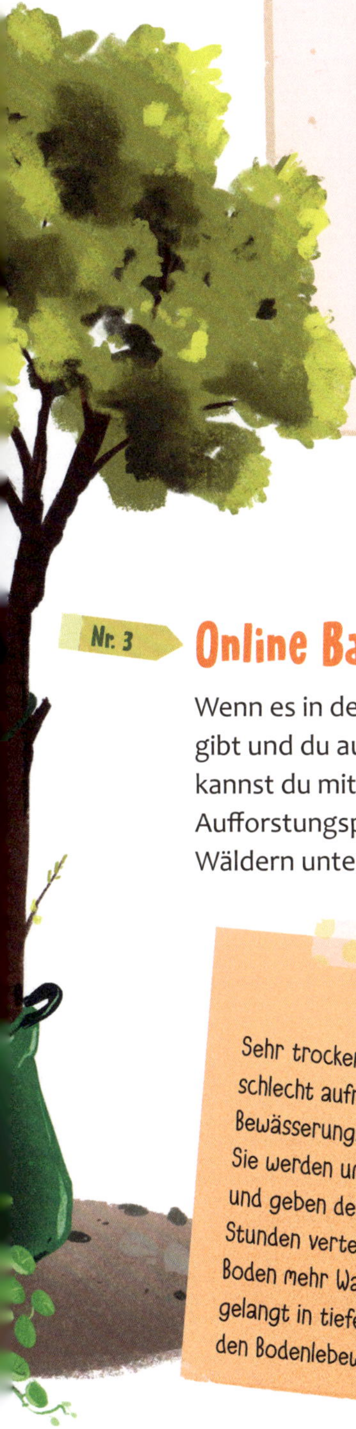

Nr. 3 Online Baumpatenschaft

Wenn es in deiner Nähe keine Optionen gibt und du aus der Ferne helfen willst, kannst du mit einer monatlichen Spende Aufforstungsprojekte in bedrohten Wäldern unterstützen.

Tipp

Sehr trockener Boden kann Wasser schlecht aufnehmen, dafür sind spezielle Bewässerungssäcke sehr praktisch. Sie werden um den Stamm platziert und geben dein Gießwasser über viele Stunden verteilt ab, dadurch kann der Boden mehr Wasser aufnehmen und es gelangt in tiefere Schichten, was auch den Bodenlebewesen hilft.

www.lebenswald.org
in Borneo

www.waldhero.de
Rheinland-Pfalz

www.primaklima.org
Deutschland und Nicaragua

www.treedom.net
in vielen Ländern

Bäume pflanzen für das Klima

Samen von Bäumen gibt es ganz kostenlos im nächsten Park oder Wald, man muss sie nur aufsammeln! Allerdings werden nicht alle zur gleichen Zeit reif. Aber es gibt Monate, in denen sich das Sammeln besonders lohnt. Ab September kannst du z. B. diese Samen finden:

Kastanie, Buche, Tanne, Esche, Linde, Ahorn, Eibe, Hasel

Ab Oktober kommen dann noch diese dazu:

Eiche, Douglasie, Lärche und Robinie

Weide & Hasel

sind ganz besonders einfach zu pflanzen. Du kannst Stecklinge aus den verholzten Zweigen nehmen. Schneide dafür 20 cm lange Stücke von den Bäumen und stecke sie in lockere, feuchte Erde. Wenn sie vor dem Einpflanzen in einem Glasgefäß mit Wasser stehen, kann man das Bewurzeln gut beobachten!

So pflanzt man eine Eiche

1. Sammel die Eicheln Mitte Oktober vom Boden auf und achte darauf, dass sie unbeschädigt sind. Reif sind sie, wenn sich die Kappe leicht lösen lässt.

2. Wenn du die Eicheln in ein Gefäß mit Wasser gibst, kannst du alle aussortieren, die oben schwimmen. Diese sind nicht mehr keimfähig.

3. Alle anderen lässt du abtrocknen und lagerst sie für einige Wochen in einem Beutel im Kühlschrank. Diese Kältebehandlung brauchen Eicheln zum Keimen, das nennt man »stratifizieren«. Sortiere die schimmelnden Eicheln aus!

4. Nach mindestens 40 Tagen in der Kälte kannst du deine Eicheln in kleine Töpfe 2cm tief einpflanzen.

5. Eichenbäume sind Tiefwurzler, also brauchen sie für ihre Pfahlwurzel viel Platz. Wenn deine Setzlinge die ersten Blattpaare bekommen, solltest du ihnen einen tieferen Topf gönnen.

Tipp

Probier dieses Verfahren doch auch mal mit Bucheckern!

Bäume für den Balkon

Ja, richtig gelesen! Es gibt einige Arten, die auf einem Balkon genug Platz finden und durch verschiedene Eigenschaften dafür besonders geeignet sind.

Zum Beispiel gibt es einige kleinwüchsige Ahornsorten, die sich im Herbst wunderschön bunt verfärben!

Mandelbäumchen haben dagegen im Frühjahr eine wahre Blütenpracht anzubieten, bilden in unseren Breitengraden aber nur selten Früchte aus.

Wenn du einen warmen Balkon hast, ist ein Feigenbaum ideal. Hier kannst du mit etwas Glück sogar Früchte ernten!

Gingkobäume werden im Herbst prächtig gelb, kommen in der Stadt gut mit Abgasen klar und sind nicht anfällig für Krankheiten. Vorsicht bei weiblichen Pflanzen: Die Früchte stinken nach Erbrochenem!

Finde Gleichgesinnte!

Mit Sicherheit bist du nicht die einzige Person, die gerne aktiv werden möchte. Finde doch mal heraus, wer in deiner Umgebung noch Lust hat, zu gärtnern und sich mit Recycling und nachhaltigen Rezepten für die Umwelt einzusetzen! In vielen Städten gibt es schon Leute, die sich zusammengeschlossen haben und auf jemanden wie dich warten.

Hier ein paar Ideen, wonach du online suchen kannst, um Gleichgesinnte in deiner Umgebung zu finden:

Tauschbörsen für Saatgut
Gemeinschaftsgärten
Saisongärten
Stadtgärten
Baumpatenschaft

Tipp

Bei eBay Kleinanzeigen kannst du auch nach »samenfestem Saatgut«, Stecklingen und Pflanzen in deiner Nähe suchen, die du bei Nachbarn abholen kannst!

YouTube

Auf der Plattform YouTube gibt es mittlerweile eine ganze Community von Gärtnern, die ihre Tipps, Gärten und Erfahrungen teilen. Viele betreiben auch einen Blog oder verkaufen mittlerweile eigenes Saatgut. In den Kommentaren unter den Videos treffen viele Gartenbegeisterte aufeinander und man kann sich super austauschen.

Gartengemüsekiosk
Selfbio
Wurzelwerk
Stefans-Hobby-Garten
Der Selbstversorgerkanal
Die Eifeltomate
Selbstversorger Rigotti
dergartenkanal

Wenn du in einem Jahr besonders viele Samen gesammelt hast, die du eindeutig bestimmen kannst, wäre es eine tolle Idee, diese Samen mit anderen zu teilen. An manchen Orten wie der Stadtbücherei, einem Unverpacktladen oder Café um die Ecke könntest du fragen, ob du eine kleine Box mit Saatguttütchen zum Verschenken aufstellen darfst. Auf Seite 19 findest du eine Anleitung zum Falten von Samentütchen!

Tipp

Um die Weihnachtszeit gibt es immer mehr Angebote für Saatgut-Adventskalender! Vielleicht wünschst du dir einen, dann könntest du direkt mit 24 Saatguttütchen in die Saison starten.

Gemeinsam gärtnern

Etwas gemeinsam zu tun macht nicht nur mehr Spaß, sondern eröffnet auch noch ganz neue Möglichkeiten. Du hast keinen Garten, dafür aber einiges an Wissen. Dein bester Freund hat vielleicht gute Beziehungen zu einem Bauern und bekommt von dem Saatgut. Und eine andere Freundin hat vielleicht einen großen Garten und keine Idee, was sie damit machen soll. Wenn ihr euch zusammentut, könnt ihr bestimmt etwas Tolles erschaffen, was euch allen Spaß macht und dazu noch gut für die Umwelt ist. Hier kommen einige Ideen, wie ihr euch gegenseitig helfen könnt.

Um ein gemeinsames Gartenprojekt – ob indoor oder outdoor – zu starten, tauscht euch einmal aus, welche Möglichkeiten ihr mitbringt.

Wo wird gepflanzt?

Hat jemand ein helles Fensterbrett in Südlage, wo man toll Tomaten und Chilis vorziehen kann? Hat jemand einen Balkon oder einen kleinen Innenhof, wo man Blumentöpfe oder ein Hochbeet aufstellen kann? Eine Terrasse? Hat einer Bäume in der Straße mit großen, ungenutzten Baumscheiben, die bepflanzt viel schöner aussehen würden?

Was wird gepflanzt?

Hat schon jemand von euch Saatgut, vielleicht aus Omas Garten? Am Wegrand gesammelt? Aus einer Bio-Paprika aus dem Supermarkt gewonnen? Im Fachhandel gekauft? Über eBay getauscht?

Vorziehen

Sammelt eure Gemüseschälchen, Eisstiele, Tetrapaks, Klopapierrollen, Eierkartons, Tonscherben und was ihr noch so recyceln könnt, und trefft euch für eine erste Lagebesprechung im Frühjahr. Werft all eure Ideen und Möglichkeiten zusammen und schaut, wo welche Pflanzen die besten Chancen haben.

Expandieren

Falls der Platz für eure großen Pläne doch zu klein ist, könnt ihr in eurer Schule anfragen, ob die Gründung eines Schulgartens denkbar wäre. Hochbeete können aus einer schnöden betonierten Schulhofecke eine grüne Oase und Lebensraum schaffen.

Möglichkeiten ohne Ende

Wenn die Schule keinen Platz hat, spaziert einmal gemeinsam durch euren Kiez und haltet Ausschau nach traurigen Grünflächen, die ihr verschönern könnt. Das Grünflächenamt in eurer Stadt gibt Auskunft, ob ihr dort als Gemeinschaftsprojekt etwas pflanzen dürft, und kann euch eventuell sogar unterstützen. Fragen kostet nicht mehr als etwas Mut!

Oder organisiert einen gemeinsamen Kochabend, bei dem alle Reste aus dem Kühlschrank mitbringen und ihr zusammen überlegt, wie ihr diese noch verwenden könnt.

MIX
Papier aus verantwortungsvollen Quellen
FSC® C043106
FSC
www.fsc.org

Originalausgabe

Umschlagbild: Lisa Rammensee
Layout: Lisa Rammensee
Gesetzt aus der Candara und der Pigeon Post
Satz: Marleen Janzen, Stephanie Lütje / dtv
Druck und Bindung: Grafisches Centrum Cuno, Calbe
Printed in Germany · ISBN 978-3-423-76436-0